はじめて学ぶ
国際会計論

行待三輪 [著]

創 成 社

はしがき

　本書は，2000年代に入ってから日本で大きな問題として浮上し，日本企業にとって実務上の大きな課題として取り上げられてきた国際財務報告基準への統合化について解説している。具体的な方法としては，前半部分でなぜ会計制度の国際化が問題とされてきたのかその歴史的な背景を説明するとともに，日本と国際財務報告基準との概念的なレベルでの違いを明らかとする。後半部分では，日本と国際財務報告基準を採用することでどのような違いが生じるのかを金融商品，減損会計，M&Aの会計，そして収益認識基準の会計を取り上げ各論で論じるとともに，日本企業で国際財務報告基準を導入するうえで，実務上どのような課題や問題が生じるのかを最新の動向を踏まえて明らかにすることを目的としている。

　本書は，筆者の本務校である京都産業大学で開講する「国際会計」の講義ノートに，使用した書籍や財務資料等を加筆する形で制作されたものである。本書の対象は主に3年次以上の学部生を対象としており，日商簿記検定試験3級，2級および会計学の概論部分は理解していることを前提としている。しかしながら，国際財務報告基準の解説や実務上の問題点を明らかにするためには，日本の会計制度や簿記の理解が不可欠であるために，第3章，第4章において日本の会計制度と法制度との関連および財務会計で求められる機能と法律との関係の解説を行っている。すでに日本の会計制度について理解しているという人はこの2つの章を割愛していただく形でも理解できる形式として本書を構成している。

　財務会計の分野の中でも，国際会計に関しては本書でも述べている通りで2000年代に入り，急速に日本でも統合化は進んだものの，実際に企業への強制適用を行うかという段階になり，結果として任意適用のままで進展のない状況が進んでいる。こういった状況の中で出版されるものとしては本格的な専門書もしくは企業の経理担当者向けに国際財務報告基準を導入するにあたってのポ

イントを解説したもの，もしくは基準を解説したものに限定されていた。実際に講義をする中で，学部生向けに国際会計を教えるために入門書的な位置づけとなる書籍を作成することが急務ではないか。本書は，筆者のこのような問いかけの集大成として生み出されたものである。

　本書の利用方法としては，まず最初に書かれている「学習のポイント」で各章の目的を把握してもらうとともに，各章末では章ごとのテーマに関連する新聞記事を時には抜粋という形で掲載している。各章ごとに提示されたテーマを本論で理解するとともに，新聞記事を確認する形で会計制度の国際化がどのように進められているのか，そして企業がどのように対応しようと試みているのかを確認してほしい。そして，巻末の復習問題では各章で取り上げたテーマを再考するとともに，その知識を応用する形で一歩踏み込んで会計の国際化の中で日本はどのような対応をするべきなのかを考えてもらう手がかりを提起している。

　最後に，本書の出版にあたり筆者に機会を与えてくださった創成社の塚田尚寛代表取締役，そして編集と校正作業について行き届いたご協力を頂き，時には学習のポイントや問題の作成についても助言をいただいた西田徹氏をはじめとする創成社の皆様に心からお礼を申し上げる次第である。

2018年3月

行待三輪

目　次

はしがき

第1章　本書の目的 ──────────────── 1

第2章　国際会計を巡る動向と「同等性評価」 ──── 7
1. 会計制度の国際化について（ハーモニゼーション）……… 7
2. ハーモニゼーションから収斂（コンバージェンス）の流れ…… 8
3. 「同等性評価」とは何か ……………………………… 12
4. IASBとFASBとの連携作業，採用（アドプション）
　への移行 ……………………………………………… 13

第3章　日本の会計制度および法制度との関連 ──── 19
1. 日本の会計制度─財務会計の位置づけ─ ……………… 19
2. 制度会計の分類 ……………………………………… 21

第4章　財務会計で求められる機能と法律との関係 ── 27
1. 会社法と金融商品取引法 ……………………………… 27

第5章　日本の基準策定とIFRSの特徴 ─────── 37
1. 帰納的アプローチと演繹的アプローチ ……………… 37
2. IFRSの特徴 ………………………………………… 38

第6章 日本およびIFRSの概念的枠組み ── 47
1. IFRSの概念アプローチ ……………………………… 47
2. 日本の概念的枠組み ………………………………… 51

第7章 収益・費用アプローチと資産・負債アプローチ ── 61
1.「収益・費用アプローチ」と「資産・負債アプローチ」…61

第8章 金融商品の会計 ── 73
1. 金融商品の定義 ……………………………………… 74
2. 金融資産の分類 ……………………………………… 75
3. デリバティブ取引とヘッジ会計 …………………… 81

第9章 固定資産の減損会計 ── 89
1. 有形固定資産の減損 ………………………………… 89
2. 減損会計の問題点 …………………………………… 96

第10章 企業結合（主に合併）とのれんの会計 ── 101
1. 企業結合の形態 ……………………………………… 101
2. 企業結合のタイプ …………………………………… 102
3. 日本の M&A（Merger and Acquisition）の動向 …… 103
4. 企業結合の会計処理方法 …………………………… 107

第11章 収益認識基準の会計 ── 117
1. 日本とIFRSの収益認識時点の違い ………………… 117
2. IFRS No.15の解説 …………………………………… 122
3. 日本の収益認識基準の現状について ……………… 127

第12章　IFRS導入に際しての実務上の問題点（1）── 131
1．企業への影響 …………………………………………………… 131
2．IFRSと各種法律との整合性について ……………………… 134
3．経営者・経営企画部門への影響 ……………………………… 136
4．経理・財務部門への影響 ……………………………………… 138
5．その他の部門への影響 ………………………………………… 140

第13章　IFRS導入に際しての実務上の問題点（2）── 149
1．電機・自動車などのメーカー ………………………………… 149
2．スーパーや百貨店・家電量販店などの小売りおよび
　　サービス業 …………………………………………………… 150
3．建設・不動産業 ………………………………………………… 152
4．鉄鋼や化学などの資源・素材業 ……………………………… 153
5．情報・通信業 …………………………………………………… 154
6．金融業（特に銀行業） ………………………………………… 156
7．IFRSへの対応 ………………………………………………… 157

索　引　163

第1章　本書の目的

> ＊学習のポイント
>
> IFRSを強制適用している国・地域は約120あります。
> 会計制度について1つの物差しを，なぜ作る必要があるのかを考えてみましょう。

　本書は，2000年代に入ってから日本で大きな問題として浮上し，日本企業にとって実務上の大きな課題として取り上げられてきた国際財務報告基準への統合化について解説する。具体的な方法としては，前半部分でなぜ会計制度の国際化が問題とされてきたのかその歴史的な背景を説明するとともに，日本と国際財務報告基準との概念的なレベルでの違いを明らかとする。後半部分では，日本と国際財務報告基準を採用することでどのような違いが生じるのかを金融商品，減損会計，M&Aの会計，そして収益認識基準の会計を取り上げ各論で論じるとともに，国際財務報告基準を適用するに当たり，日本企業で実務上どのような課題や問題が生じるのかを最新の動向を踏まえて明らかにすることを目的とする。

　本書の対象は主に学部生であり，特に日商簿記検定3級，2級を取得し会計学の概論的な部分を理解していることを前提としている。簿記，特に3級，2級の商業簿記では，企業の財政状態（財産状況）および利益計算（いくら儲かったのか）を確認するための書類である貸借対照表および損益計算書の作成方法を技術的な側面より学習するが，簿記の技術は日本でも世界でも万国共通であり仕訳方法や帳簿の付け方などは変わらない。

　しかしながら，2000年代に入るまで簿記の技術的な方法は同じであっても各国で採用されている制度的な枠組み（会計制度）は異なっていた。その代表的なものが株式などの有価証券を期末時にどの金額で評価するかの問題であっ

図表1-1　設例の会計処理

(単位：万円)

	1つめの会計処理	2つめの会計処理
有価証券取得時点	（借）売買目的有価証券　100 （貸）現　　　　　　金　100	（借）売買目的有価証券　100 （貸）現　　　　　　金　100
決算時	仕訳なし	（借）売買目的有価証券　　30 （貸）有価証券評価益　　30

た。例えば，100万円で購入した短期保有目的の株式が期末の帳簿締め切り時点で130万円に値上がりしているケースを考えてみよう。

図表1-1に示したように，この場合，期末時点の有価証券の金額の決定には2つの方法が考えられる。まず1つめは，売却するまでは値上がり金額は実現していないので，実際に購入した時点での100万円が有価証券の期末金額であると考える方法である。2000年以前の日本がこの会計処理を採用していた。

もう1つの考え方としては，有価証券の金額が130万円に値上がりしており購入した時点（100万円）よりも30万円の利益が出ているのだから，これを評価益として損益計算書の収益に計上し，有価証券の期末金額は130万円と考える方法である。欧米では従来こちらの方法が採用されてきていたのだが，日本でも1990年代に「**会計ビッグバン**」と呼ばれる大規模な会計制度の改正が行われ，欧米の会計制度に合わせるべく2000年以降こちらの会計処理方法が採用されている。

ところで，基本的な問題として国ごとの会計制度が異なるとどのような問題が生じるのであろうか。前述の有価証券の期末評価の問題を例にとると，1つめの場合，有価証券の期末金額は100万円であり，損益計算書上には何の損益も現れない。しかし2つめの場合，有価証券の期末金額が130万円になるのと同時に，損益計算書上には30万円の評価益が収益項目として計上される。つまり異なる会計処理をとることによって損益計算書上で計算される当期純利益の金額が異なってくるのである。

国ごとに損益計算書で算定される当期純利益の金額が異なるということは，異なる国ごとでの損益計算書の単純比較が不可能であることを意味する。これは，銀行や投資家（株式を買おうとする人，これから買おうとする人）にとってどの

企業に投資するかを判断する上で非常に大きな障害となる。

　また，現在は多くの国に支店や子会社を設立して，国際的に事業展開を行う企業も多数存在するが，その場合，損益計算書や貸借対照表は個別企業ベースで作成されるものの，最終的には親会社と合算される形でグループとしての財務諸表に統合される。その場合，国ごとに会計制度が異なると本社が置かれている国で採用されている会計制度で再度書類を作成し直す手続きが必要となる。これは事務的に非常に大きな手間やコストがかかることとなり，実務上の大きな障害となることも容易に想像可能である。

　このように考えていくと，国ごとに会計制度が異なることは企業にとって非常に大きな障害やコストを抱えるということが想定され，これを解消するためには国を問わず1つの「会計制度」で統一する方が，国を超えた資金の流れや利益金額を把握する上で非常に便利であると考えることができる。

　ただし，「簿記」は損益計算書や貸借対照表を作成する上での1つのツールであり，「会計制度」は「簿記」をベースとした上で，その国にとって政治的，経済的，社会的背景を中心に実務的に適切だと思われる方法に基づいて出来上がってきたシステムである。「会計制度」は「簿記」と同様に法的な強制力はない。

　日本と欧米での会計制度の差異の原因を説明するために一般的に述べられる例としては，企業の資金調達方法の違いである。欧米では，株式を発行して資金調達を行う方法が一般的であるが，日本の場合は戦前からの財閥制度なども関係しており，1980年代までは1つの**メインバンク**を決めておいて，そこから資金を借り入れる方法が一般的であった。そこでは，銀行の関係者が企業の役員クラスに入ることによって企業の経営に関与することも可能であり，非常に密接な関係を作り出していた。しかしながら1980年代から証券取引所の規模が増大し，株式を発行して資金調達を行う方法も徐々に一般化している。

　この場合，誰から資金調達を行うかによって財務諸表上で求められる情報は異なってくる。例えば，株式を購入する投資家にとっては保有している株式が現在いくらの金額で売れるか（いくらの損益を出しているか）が重要であるが，銀行にとっては貸し出した資金が何に運用されたのかを確認することが重要であるし，資金の裏付けが不確実な利益を計上されることは不利益を被ることとな

る。

　このように考えると，統一された「会計制度」を策定することは，資金調達方法や経営スタイルの異なる国（日本と欧米）との間でどのように折り合いをつけていくのかという問題ともつながる。

　本書の目的は，日本で国際財務報告基準がどのように採用されているのかを各論で確認するとともに，資金調達方法や経営スタイルの異なる欧米主導で裁定された国際財務報告基準を適用することでどのような問題点が浮かび上がってくるのかを明らかにすることにある。

　本書の構成は次の通りである。第2章では，国際会計を巡る諸問題として国際財務報告基準の策定の歴史的な背景や，現行の状況を論述する。第3章では，日本の国際財務報告基準導入を論ずるための基本的な知識として，日本の企業会計および日本の会計制度の動向を検証する。第4章では日本と国際財務報告基準（International Financial Reporting Standards：IFRS）概念フレームワークとその違いについて説明する。第5章では，IFRSと日本の会計基準を策定する上での方法の大きな違いを確認するとともに，IFRSの大きな特徴について整理を行う。

　後半の第6章，第7章では日本とIFRSの概念的枠組みとアプローチの違いを検証する。第8章，第9章，第10章，第11章では国際財務報告基準を採用することによって生じる論点や問題点を各論で検証する。第12章，第13章では国際財務報告基準を導入することにより日本企業で新たに起こると予想される問題点を提起するとともに，総括と今後の展望について論じることとする。

関連記事① （日本経済新聞夕刊　2014年8月5日「国際会計基準の初歩①」より抜粋）

　そもそも会計基準とは何でしょうか。株主から幅広くお金を集める上場企業は決算書を作成する義務があります。集めたお金がどのような状態にあり，その使途がどうなっていたかを，株主や債権者などに報告しなければなりません。

　決算書は「財務諸表」と呼ばれ，資産や負債の状況を示す貸借対照表，売上高や費用，利益を表す損益計算書，お金の動きを示すキャッシュ・フロー計算書などです。多くの企業は子会社などを含めた連結ベースの決算書を公表しています。

　決算書を作るルールが会計基準です。各社が勝手に決算書を作れば他社との比較もできません。

　例えばモノを売った場合，どの時点で売上高とすべきでしょうか。顧客と販売契約を結んだ時でしょうか，商品の納入時でしょうか，お金を回収したときでしょうか。

　スーパーの店頭で売る商品はこれらのタイミングは同じでしょう。しかし代金を分割で受け取る形で大きな設備などを販売した場合，どの時点にするかで売上高や利益は大きく変わります。

　ですから日米など主要国は自国で会計制度を定め，それを使ってきました。しかし近年，企業活動の国際化を踏まえ，国際的にルールを統一する動きが出てきました。その統一ルールが「国際会計基準」なのです。

関連記事② （日本経済新聞夕刊　2014年8月6日より抜粋（数字は当時のもの））

　国際統一ルールを目指した国際会計基準作りは1970年代までさかのぼります。日米欧など会計の専門家が民間主導で始めました。

　注目度が高まったのは90年代です。投資家や上場企業の活動がグローバル化してきたため，ルール統一を求める機運が強まったのです。

　2005年には欧州連合（EU）が域内の上場企業に国際会計基準の適用を義務づけました。英国やドイツなど各国で基準を作っていましたが，ルールを統一することで域内の市場統合を加速するのが狙いでした。これが契機となり，全世界で利用が進みました。国際会計基準を利用している国・地域は現在120以上と言われています。

　日本は米国，中国などと同じく，自国の会計基準と国際会計基準の差異を減らす作業を進めてきました。その一方，10年3月期からは日本基準の代わりに国際会計基準を使っても構わないようにしました。強制ではないので「任意適用」と呼ばれます。東京証券取引所によると，14年7月末時点で利用企業は32社，予定企業は12社です。

　日本企業が米国や欧州市場に上場する場合，国際会計基準の決算書はそのまま利用できます。海外市場に上場していなくても，決算書が海外の企業と比較しやすくなるので，海外の投資家にアピールしやすくなる利点もあります。

　また海外の子会社を含むグループ管理もしやすくなると言われています。グループ全体で

国際会計基準を使うことで，内部で業績を報告する手続きや経営指標が統一化されるからです。外部に公表する決算書とも関連づけやすくなります。

ただ現時点で，東証の上場企業のうち任意適用は一部にとどまっている点も見逃せません。会計基準の切り替えに際して社内システムの見直しなどが必要で，コスト増につながる懸念があり，利用するメリットを見極めようとしているのでしょう。

[復習問題]
国ごとに会計制度が異なるとどのような問題が生じるのかについて，会計情報を利用する立場から考えてみてください。

 次に読んでほしい本

平松一夫監修（2015）『IFRS国際会計基準の基礎（第4版）』中央経済社。
奥村　宏（2002）『エンロンの衝撃　株式会社の危機』NTT出版。

第2章　国際会計を巡る動向と「同等性評価」

> ＊学習のポイント
> 　日本でどのような形で会計制度の国際化が進んだのかを考えてみましょう。

　第1章では，会計制度の国際化がなぜ必要とされるのかについて簡単な設例を使って説明を行った。「簿記」は万国共通の技術的なルールであるが，その「簿記」を用いた「会計制度」はその国の経済的，政治的，社会的背景を中心に，実務的に最も適切だと判断されて策定されたシステムであるため，各国で異なっている。さらに，会計制度が異なるということは損益計算書で算定される当期純利益の金額が異なるために，企業の単純比較ができないということ，また海外に支店や子会社を持つ企業の場合，最終的なグループでの財務諸表を作成する場合に，会計制度の違いが実務上の事務手続きを煩雑化させ，大きなコストの原因となることも述べた。

　このような問題点が生じることによって，必然的に「会計制度」を国際的に統一しようとする試みが考えられる。実際，1970年代から統一化された会計基準を策定しようとする動きが起こっており，2000年代に入ってから再びその動きは活発化し，日本もその影響を受けさまざまな問題に直面してきた。そこで本章では，国際的な会計制度策定の歴史的変遷を論じるとともに，2000年代に入ってからの収斂（コンバージェンス）の中でEUにより採用されてきた「同等性評価」について説明する。

1．会計制度の国際化について（ハーモニゼーション）

　統一化された1つの「ものさし」としての会計制度を作成しようとする動き

は，1970年代から主に欧州を中心として起こっていた。具体的には，1973年6月にオーストラリア，カナダ，フランス，西ドイツ（当時），日本，メキシコ，オランダ，英国，アイルランド，米国の職業会計士団体の合意に基づいて**国際会計基準委員会**（International Accounting Standards Committee：IASC）という1つの組織が設立された。

IASCは，各国の政治，経済，社会的背景を尊重した上で，「会計制度」の**調和化（ハーモニゼーション）**を目指すことを目的とし，多くの国際会計基準（International Accounting Standards：IAS）を公表した。しかしながら現実としてハーモニゼーションは進まなかった。

ハーモニゼーションが進まなかった理由としては主に3つをあげることができる。1つめに，活動内容については経済大国である米国が主導となって活動を進めていたが，欧州との足並みが乱れ統一化の障害になっていたことがあげられる。特に，英国は独自の会計基準を策定して欧州の他の国とも別の独自路線を歩んでいた。

2つめに，IASC自体が各国の会計基準に対して影響力を行使できない事情も存在したことがあげられる。具体的には，IASCは職業会計士団体の合意に基づいて設立された組織であり，あくまでも会計士団体が中心となって制度を運営しており，メンバーも他の職を兼任するなど非常勤職が多く，専任のメンバーがいなかったことがあげられる。

また，IASCには国家的な機関（例えば当時の日本の大蔵省など）が参画しておらず会計基準を公表しても，影響力を行使することができなかったことも理由の1つとしてあげられる。

2．ハーモニゼーションから収斂（コンバージェンス）への流れ

思ったような成果があがっていなかった会計制度の国際化であったが，2000年前後になると，国際化を推進するいくつかの転機が訪れた。そして，これらの転機をきっかけとして会計制度の国際化はハーモニゼーションから収斂（コンバージェンス）への流れへと変化していった。

会計制度の国際化を推進する転機の1つめとしては，世界109の国および地

域(2008年11月現在)の証券監督当局や証券取引所から構成される国際機関である**証券監督者国際機構**(International Organization of Securities Commissions：IOSCO)でIAS(当時30の会計基準が存在)を承認したことをあげることができる(2000年5月)。シドニーで開催された総会で,「IASC2000基準書」と呼ばれる基準を用いて作成された財務諸表を受け入れるよう勧告する「IASC基準に関する代表委員会決議」が採択された。

IOSCOに関しては1987年からIASの制定に関与しており,また日本から金融庁,証券取引監視委員会,東京証券取引所などが参加していた。

IOSCOがIASを会計制度として承認したということはすなわち,国の機関が関与する権威的な組織がIASを支持したことを意味する。これにより,IASの影響力は大幅に上昇し,以降のIASB生成への大きな礎となった。

転機の2つめとしては,IASCから,**国際会計基準審議会**(International Accounting Standards Board：IASB)へと組織変更が行われたことである(2001年1月)。

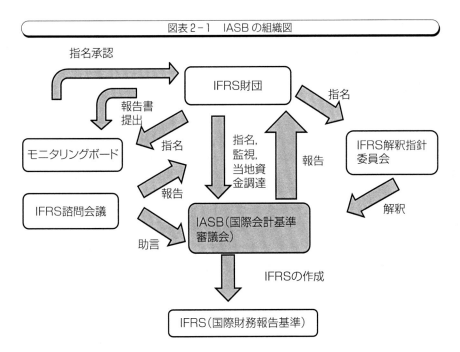

図表2-1　IASBの組織図

IASBの本拠地は英国のロンドンであり，特定の国や地域に偏らないように原則として北米，欧州，アジア，オセアニアから各4名，アフリカおよび南米から各1名，その他2名については定めを設けず常勤メンバーを選出する形を採用している（メンバーの任期は5年，再任は1回のみ可能）。IASBの組織を示せば，図表2-1のようになる。

図表2-1にあがっているIASBの中に存在する組織の具体的な活動内容，メンバー構成などは以下のとおりである。

（1）IFRS財団

地理的区分，フルタイムかパートタイムか，またこれまでの職歴を考慮したうえで選任された21名（任期は原則3年，1回だけ再任可能）の評議員で活動を監視する。

具体的な活動内容としては，評議員，IASB，IFRS解釈指針委員会，IFRS諮問会議のメンバーの任免，IFRSを普及させるための戦略の見直し，実効性の検証，IASBのデュー・プロセス（IFRS策定のための手続き）の監視，適切な資金調達の検討，IFRS財団の予算の承認や定款の変更などがあげられる。

（2）IASB

12名の理事から構成され，IFRSの設定など，基準設定に関する検討テーマの策定と遂行についての裁量権を持っている。一定以上の理事の賛成を前提に，IFRSやその公開草案，解釈指針の公表，ディスカッションペーパーの公表を行っている。

（3）IFRS諮問会議

アナリストや投資家集団からの意見を反映させるべく，基準設定に関心を有する各組織の代表者的性格を持つ組織である。主に48名のメンバーとオブザーバ組織（EU，日本の金融庁および米国SECなど）で構成されている。

具体的な活動内容としては，IASBの作業の課題決定と優先順位についてIASBに助言を与えるとともに，主要な基準設定プロジェクトについてメンバーの意見をIASBに伝えることがあげられる。

(4) IFRS 解釈指針委員会

　IFRS で十分に取り扱っていない，新たに判明した財務報告上の問題点や不十分，相矛盾する解釈が生じたり，生じる可能性の高い問題点について適宜に指針を提供するための組織である。この組織で提案された解釈指針の最終的な決定権は IASB が持っている。14名の委員で構成されている。

(5) モニタリングボード

　この組織は，IOSCO 新興市場委員会議長，IOSCO 専門委員会議長，日本の金融庁長官，EU の EU 域内市場・サービス担当委員，米国 SEC 委員長を正式メンバーとし，バーゼル銀行監督委員会をオブザーバとして構成されている。活動内容としては，評議員会と金融規制監督当局と IFRS 財団との橋渡しの役割を有しており，主に評議員の専任プロセスへの参加，責任遂行に関するレビューと助言や会合を行っている。

　IASB の大きな特徴として，IASC が各国の職業会計人の集まりで非常勤メンバーの集合体であったのに比べ，国家の金融機関や常勤メンバーが組織内部に参画していることがあげられる。IOSCO の IAS 正式承認と重ねる形で，国家的機関が組織に参画したことによって策定される会計基準の強制力が強まった。

　また，米国のエンロン社で大規模な粉飾決算が発覚し2001年に破たんに追い込まれたことも，IFRS の影響力を強めた転機の１つとしてあげられる。この事件では，エンロン社の監査法人であるアーサーアンダーセンも粉飾に加担したことで解体に追い込まれる事態となった。

　IASC でのハーモニゼーションの過程において欧州と米国の間で足並みがそろわないことが会計制度国際化への障害の１つとなっていたが，経済大国でありかつ会計先進国であった米国の信頼性と影響力が大きく低下することは，IFRS 導入に積極的であった欧州の発言権が相対的に強まっていったことを意味し，この粉飾決算事件を契機に欧州主導での IFRS 導入への動きが加速する結果を招いた。

　以上に述べた一連の流れにより，「国際会計基準」の影響力が急速に強まっ

ていくが、この時期の統一化の大きな特徴としてはハーモニゼーションからコンバージェンスへと方向転換が進んだことがあげられる。

ハーモニゼーションは、各国の政治的、経済的な特徴を尊重することを前提として統一化を進めていくという試みであるのに対して、コンバージェンスは自国の会計基準を IFRS にコンバージェンス、つまり重要な差異がないように自国の会計基準を修正するという試みである。

2002年、IASB と米国の財務会計基準審議会（Financial Accounting Standards Board：FASB）が会計統合基準に合意（ノーウォーク合意）し、相互の会計基準に互換性を持たせることを取り決めた。この合意に基づいて2005年に、米国は IFRS をコンバージェンスさせていく方向に転換した。この動きの背景には、2005年から EU が IFRS の強制適用を開始したことがあげられる。

日本においては、2007年に日本の基準設定主体である企業会計基準委員会（Accounting Standards Board of Japan：ASBJ）と IASB との間で会計基準のコンバージェンスを進めることが合意された（東京合意）。この流れに基づいて、2009年6月、日本は IFRS 導入方針を固めた。当初は2015年から2016年に強制適用を開始する動きがあったが現在は延期であり、めどが立っていないのが現状である（2017年12月現在）。

ここでのハーモニゼーションからコンバージェンスの流れとしての大きなポイントとしては、IASB の設立、会計基準導入を主導したのが EU であること、2009年6月に日本が IFRS 導入方針を固めたことをあげることができる。

なお、コンバージェンスを採用する場合、IFRS と自国の会計制度との間にどの程度差異があるのかを確認し修正する作業が必要となるが、この場合において「重要な差異」があるか否かを判断する手段として設けられたのが、現在 EU で用いられている「同等性評価」である。

3．「同等性評価」とは何か

「同等性評価」とは何かを具体的に説明するためには、2000年以降の EU の動きを述べることが必要となる。EU では、2005年1月より IFRS の強制適用が開始された。そして、域内での上場企業だけでなく、域外での第三国上場企

業についてもIFRSかそれと同等の会計基準を適用することを要求した。そしてこのような要求により，いわゆる「同等性評価」の問題が生じることとなった。

「同等性評価」で定義される「同等」とは，基準が同じという意味ではなく，投資家がIFRSに準拠した財務諸表に基づく場合と類似した意思決定が可能な状況のことを指す。そして，評価を行った結果「同等」・「部分的に同等」・「非同等」の3つに分類され，「同等」でない場合，補完措置が求められることとなる。

この「同等性評価」の問題は，日本経済や企業に大きな影響を及ぼすこととなった。日本の場合，IASを導入しなければ欧州の証券市場で資金を調達することが不可能となり，事業活動に大きな影響を及ぼす恐れがあったからである。よって当初は2007年1月から，その後2年延期して2009年1月から同等性評価の作業が開始された。この問題は当時，日本における「**会計09問題**」と呼ばれた。

欧州では，米国やカナダ，日本などの各国に対して2005年7月に「技術的助言」を公表したが，日本はここで26項目の補完措置を求められた。これは米国やカナダと比較して最も多い措置数であった。そして最終的には2008年12月にコンバージェンスの継続を条件に「同等」と認められることとなった。

4．IASBとFASBとの連携作業，採用（アドプション）への移行

2002年のノーウォーク合意以来，IASBと米国FASBとのMOU（Memorandum on Understanding）（ロードマップに関する覚書）の調印が進められ，IFRSと米国の会計基準のコンバージェンスは進展した。2005年4月には，SECからECに向けて，遅くとも2009年までには外国企業のIFRSによる財務諸表を米国会計基準の際は調整表なしで認める「ロードマップ」（工程表）が提示された。

2006年2月には，IASBとFASBは2006年から2008年までの両基準のMOUを公表し，2008年までにコンバージェンスの完了または実質的な完了を目指す項目（短期コンバージェンス項目）と2008年までには不可能であるものの，目に見える形でプロジェクトが進展することにより目的の達成に寄与する項目（共同

プロジェクト）の2つのプロジェクトを同時進行させる形で，2つの会期基準間の協調を行った。こういったIASBとFASBとの協調の流れの中で，1つの方向性として生み出されたのがコンバージェンスから採用（アドプション）への移行である。

2007年，SECは米国で資金調達する外国企業にIFRSの適用を要求した。ここで，IASBが公表するIFRSは純粋なものとして「**ピュアIFRS**」と呼ばれたのに対し，「同等性評価」により認められた会計基準は一定範囲内での差異を認めているため「**カーブアウト**」と呼ばれて区別された。

このSECの決定は，カーブアウトされたIFRSから「ピュアIFRS」への移行を目標としたものであった。つまり，コンバージェンスが「同等性評価」を含めて自国の会計基準に配慮しつつIFRSに合わせるのに対して，アドプションは自国の会計基準にかかわらずIASBが公表したIFRSを自国の会計基準として移し替えることを指していた。

日本でも，このSECの動きを受けて，コンバージェンスからアドプションへと流れは一転した。2009年には，金融庁が「我が国における国際会計基準の取り扱いについて（中間報告）」を公表し，IFRS導入のロードマップを示した。ここでは，コンバージェンスを推進しつつ，アドプションの時期を探ることを明確に述べており，2009年12月期よりIFRSの任意適用を容認している。

経済的に発展していた米国や日本などは，コンバージェンスからアドプションへの流れを踏襲しているが，東南アジアなどの新興国などは定まった会計基準が策定されていないケースが多く，この場合IFRSをアドプションするケースも非常に多い。ただし，米国ではIASBと別の方向性を模索する動きも出てきている他，日本でもIFRSの強制適用化が進んでいないのが実情である。

本章では，国際的な会計制度策定の歴史的変遷を論じるとともに，2000年代に入ってからのコンバージェンスの中でEUにより採用されてきた「同等性評価」について説明を行ってきた。さらに会計制度の国際化を進めるうえでハーモニゼーション，コンバージェンス，アドプションの3つのプロセスが存在することも説明した。

ところで，会計制度の国際化は重要な論点であるが，具体的な問題点や今後

第2章 国際会計を巡る動向と「同等性評価」　15

の課題を探求する上では，現在の日本の会計制度や法制度を理解することが基本的な内容として重要となる。そこで，次章以降は，会計制度の国際化から離れた上で，日本の会計制度を理論的，概念的に再確認することとする。

関連記事① （日経金融新聞　2005年5月2日より抜粋）

日本企業の決算情報　追加開示は27項目

　欧州連合（EU）の証券規制委員会はEU市場に上場する日本企業に対して，27項目の追加情報開示を求める中間報告をまとめた。親会社と海外子会社で決算基準が異なったり，資産流動化などに携わる特定目的会社を持つ企業に対して，国際会計基準（IAS）に合わせた開示基準の統一や，連結対象に加えた補完計算書の作成を求めた。

　EUは2007年から追加情報開示を義務付ける方針。6月末に最終報告をまとめたうえで，年末に最終的な内容を決める予定だ。

　EUの証券取引所に上場する日本企業は，株式や債券などを合わせてのべ250社。多くの企業は日本基準で決算を公表している。一方で，欧州企業は今年から開示基準をIASに統一している。証券規制委はこのままだと投資家が混乱しかねないと判断した27項目について，追加的な情報開示を求めることにした。

　買収企業の資産評価の修正や，親会社と海外子会社の開示基準の統一，特別目的会社を厳密に連結対象に加える三項目については，補完計算書の作成を求める。補完計算書は貸借対照表や損益計算書などの簡易版で構成する。

　そのほか項目ごとに追加情報の度合いに違いはあるものの，買収企業ののれん代がマイナスだった場合の処理などについても，該当する企業については追加情報の開示を求めている。

・・・・・・・・・・・・（中略）・・・・・・・・・・・・

　中間報告をまとめた証券規制委は「日本基準は大まかにいえばIASとは同等」とも指摘し，条件付きながら継続利用を認めた。ただ大量の前提条件を付けており，多くの日本企業は手間やコスト負担を強いられそうだ。

　EUの証券規制委は中間報告で，米国会計基準の利用企業に対しても追加情報の開示を求めている。ただ，項目数は19で，補完計算書が必要な項目は1つにとどまっている。

関連記事② （日本経済新聞夕刊　2011年6月22日より抜粋）

世界統一　孤立する日本

　会計基準の世界的統一が加速する中，日本の孤立感が深まっている。国際会計基準を採用する国は百か国を超え，2011年には資本市場の「共通語」となることがほぼ確実。欧米間で基準作りの主導権争いが激しさを増す一方で，出遅れた日本は会計分野で発言力を失いかねない。決算書の透明性向上を目指した「会計ビッグバン」を経て，日本は再び大きな試練を迎えている。

昨年11月、ロンドンの国際会計基準審議会（IASB）本部。米証券取引委員会（SEC）の会合が議案を無事承認すると、中継画面を見守っていたIASB理事全員から拍手と歓声が上がった。

　SECが決めたのは、国際基準を使って域内上場する外国企業に対して、米国基準との差異を細かく開示させるルールを廃止するという内容だ。資本市場で圧倒的な存在感を持つ米国に国際基準をまるごと受け入れさせる―。IASBの悲願が成就した瞬間だった。

　資本市場がグローバル化する中、01年に発足したIASBは、企業業績の「物差し」を国際基準に一本化しようと努力してきた。欧州連合（EU）が05年から上場企業に国際基準の採用を義務付けたことで一気に普及した。これに最終目標だった米国が加われば、世界標準としての地位が盤石となる。

　資本市場での会計基準作りに長い実績を持つ米国も、黙って受け入れているばかりではない。

　SECが昨年12月中旬に開いた公聴会。「（米国市場で）2つの会計基準が併存するのは市場に余計な負担と混乱をもたらす。」米財務会計基準審議会（FASB）のハーツ議長は、米国企業も将来、自国基準から国際基準へ全面的に乗り換えるべきだと主張した。

　FASBがSECに提出した意見書はかなり踏み込んだ内容だ。米国基準が国際基準に乗り換えるための計画書を作るよう要望。IASBに資金や人材を支援する体制づくりも必要だと提言した。

　米国が国際会計に全面移行すれば、自国基準作りを担うFASBは存在意義を失いかねない。あえて自ら不利に見える提案をしたのは「名を捨てて実を取る戦略」（青山学院大学の橋本尚教授）という。

　基準作りの主導権を巡る政治的圧力も強まってきた。「国際基準が米国ルールを丸のみするのは受け入れがたい」。国際基準を導入したEUでは、米国に歩み寄りを見せるIASBに一定の歯止めをかけようとする声が欧州議会で噴出。新たに開発・修正した国際基準を適用する場合、議会承認を必要とする形に改めた。

　会計基準は企業経営や金融取引を変える力を持ち、その作成作業はグローバル市場での国益を左右しかねない。世界は会計基準の統一後を見据えて一斉に走り出しているが、そこに日本の姿は見当たらない。

関連記事③　（日経金融新聞　2008年1月31日）

景気減速懸念で機運後退

　米国で国際会計基準（IFRS）の導入機運が後退している。シャピロ米証券取引委員会（SEC）委員長は21日にワシントン市内で講演し、「IFRS適用を求める米企業や投資家の声はそれほど多くはない」と語り、適用の是非を慎重に判断していく方針を示した。5月下旬にSECの実務家レベルが示した事実上の先送り案を追認した形だ。

　SECは米金融規制の詳細を決める作業が大詰めを迎え、会計基準の優先順位が下がって

いる。足元では米景気の減速懸念が広がり，米企業のコスト増につながる導入議論が進みにくい事情もある。

　SECは5月下旬に国際基準の適用に関する実務家の素案を公表した。実際に導入する場合も5～7年の移行期間を設け，同時に米国の会計基準も維持していく折衷案を示した。

　シャピロ委員長は講演で「(適用の判断に向け) まだやるべき作業がたくさんある」と明言。SECはこれまで国際基準を適用するかを2011年中に決めるとしてきたが，判断が遅れる可能性があることを示唆した。

　米国は米基準と国際基準との違いを埋める「共通化作業」を経て，国際基準の適用を最終的に決めるスケジュールを描いてきた。だが，最近は「共通化」作業も遅れている。

　米基準を決める米財務会計基準審議会（FASB）とIFRSを作る国際会計基準審議会（IASB，本部ロンドン）は6月15日，焦点だった売上高の計上方法を巡り，両者の議論を仕切りなおすと発表した。

　国際会計基準の強力な推進派だったIASBのトウィーディー議長は6月に任期を終える。20か国・地域（G20）首脳会議では「高品質で単一の会計基準を実現する」という目標を掲げてきたが，先行きには不透明感が増している。

復習問題

1. 国際会計基準の「ハーモニゼーション」，「コンバージェンス」，「アドプション」の違いを考えてください。
2. 1と関連しますが，あなたはIFRSをそのまま導入する方法と一定範囲内での差異は認める形で採用する方法とどちらが望ましいと思いますか。会計情報を利用する立場から考えてみてください。

📖 次に読んでほしい本

あずさ監査法人IFRSアドバイザリー室編集（2016）『新・IFRSのしくみ（すらすら図解）』（改定改題版）中央経済社。

飯塚　隆・有光琢朗・前川南加子（2010）『IFRS（国際会計基準）の基本（日経文庫ビジュアル）』日本経済新聞出版社。

第3章 日本の会計制度および法制度との関連

> **＊学習のポイント**
> 「会計」とはどのようなシステムで，どんな種類に分けることができるのか。日本の場合で考えてみましょう。

　前章では，国際的な会計制度策定の歴史的変遷と，「同等性評価」，国際化を進めるうえでの3つのプロセスと米国，日本の現況について述べてきた。

　ところで，会計制度の国際化を行う上で日本では何が問題となるのか，今後の課題として何が生じるのかについて論じる際，日本の会計制度，および会計制度と法制度との関連を理論的，概念的な立場から説明することが不可欠となる。そこで本章以降では，日本の会計制度についての俯瞰を行う。

1．日本の会計制度―財務会計の位置づけ―

　日本の会計制度について論じる際に，最も基本的な問題としてあげられるのは，「会計」とはどういったシステムであるか，また「会計」を使用する組織としてどのような組織があげられるかということである。

　「会計」とは，一般的にある組織について，資金にまつわる情報を描写し，作成し伝達するシステムであると定義される。この場合，対象となる「組織」としては「**非営利組織**」と「**営利組織**」の2つに分類することが可能である。

　「非営利組織」とは，利益の獲得を目的としていない組織のことである。この場合，組織の中心的な目的は組織の財産計算であり，資金収支を記録し報告することが大きな目的となる。「非営利組織」の主たるものとしては，国または地方自治体などの行政機関の会計（官庁会計または公会計），学校法人や宗教法人の会計，大学のサークルで行われる会計などをあげることができ，総称して

「非営利組織会計」と呼ばれる。

ただし，現在は「非営利組織」の会計においても企業的観点を取り入れるという意味で，損益計算書と同等の報告書の導入が進められている。例えば，学校法人や社会福祉法人では，資金収支計算書が導入されているところも出てきている。

「営利組織」とは，利益獲得を目的とした組織のことである。この場合，組織の中心的な目的として財産計算もあるが，最も大きな目的は1年間にどれだけの利益を獲得したのか（利益計算）である。そして，「営利組織」の中でも一般的に企業で行われる会計のことを企業会計と呼ぶ。企業会計の中心的な目的は利益の計算と財産の計算であり，利益計算の内容を示す報告書を損益計算書（1会計期間の経営成績），財産計算の内容を示す報告書を貸借対照表（期末における企業の財政状態）と呼ぶ。そして，この2つを合わせて，総称として財務諸表と呼ばれる。

「非営利組織」と「営利組織」で行われる会計をまとめると，以下の図表3-1のようになる。

図表3-1に示したように，「営利組織」における企業会計は，情報を公表す

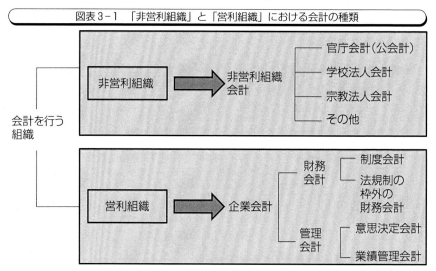

図表3-1 「非営利組織」と「営利組織」における会計の種類

出所：桜井久勝・須田一幸（2015）『財務会計入門（第11版）』，図1-1を修正引用。

る対象が企業の外部利害関係者か内部利害関係者であるかによって**財務会計**と**管理会計**に分類することができる。

財務会計とは，株主と債権者（社債の所有者や銀行）など企業外部の**利害関係者**に報告することを目的とした会計（外部報告会計）である。さらに財務会計は，法律の規制に準拠して実施される会計か否かによって，制度会計と法規制の枠外の財務会計に分類される。

制度会計は，法律の規制に準拠して実施される会計であり，具体的には会社法の規制に従った会計と金融商品取引法に従った会計をあげることができる。法規制の枠外の財務会計としてはさまざまな種類をあげることができるが，いくつかの例として，海外の投資家向けの英文財務諸表（アニュアルレポート），自然・環境保護にどのくらい力を入れているかについての報告書（環境会計報告書），社会貢献の程度（被災地にどの程度貢献したか，文化的事業にどの程度寄与したかなど）を計測した報告書（CSR報告書）などをあげることができる。

管理会計とは，経営管理に役立つ情報を企業内部の経営者に提供することを目的とする会計（内部報告会計）のことであり，ある投資プロジェクトに対して経営者が意思決定するための資料提供を目的とした意思決定会計，生産活動や販売活動などの業績を評価しコントロールするための業績管理会計に分類することができる。

財務会計と管理会計の主な違いとしては，次の2つをあげることができる。

① 財務会計は外部の利害関係者に公表される財務諸表を作成することが目的なので，その内容は厳しく制約され，情報の信頼性が重視される
② 管理会計はあくまでも企業内部の経営者などに情報を提供することが目的のため，その内容は企業の任意であり，情報の適時性が重視される

2．制度会計の分類

次に，財務会計の中における制度会計について述べることとする。制度会計とは，制度に関する法律に基づいて機能する会計であるが，日本で財務会計に関する法律としては，**会社法**，**金融商品取引法**，**法人税法**の3つがあげられ

る。

　会社法とは旧商法のことであり，その目的は主に会社の**債権者**を守るための法律として機能している。一方，金融商品取引法は投資家を守るための法律として機能している。法人税法は，当期純利益（会計上の利益）と課税所得（税額計算の所得）が異なることから，課税所得を計算するための法律として機能している。会社法と金融商品取引法が制度会計の概念的枠組みにまで影響を及ぼすのに対して，法人税法はあくまでも純利益と課税所得との差額に主眼をおき，実務的な部分への影響に限定される点で大きな違いが存在する。

　このような日本の財務諸表は，米国と少なからず異なった特徴を有している。米国の場合は会計基準を公表するのがFASBであるのに対して，法人税法などの各種法律については州ごとに規定されている。ただし，会計基準そのものは投資家向けに情報を提供するという点で統一されている。それに対して日本の場合は，1949年に企業会計基準審議会が発足し会計制度が策定された。そしてその後，2001年にASBJが発足し，現在はASBJによって各基準が公表されている。

　かつて日本企業は1つのメインバンクを定めて，その銀行から資金を借り入れて経営を行うことが一般的であった。このようなメインバンクの力が強かったという状況を受けて，日本の会計制度は，債権者を守るための会計としての色彩が強く，この点で欧米の財務会計と異なっていた。具体例としては，土地や建物，株式を取得原価で評価していたことがあげられる。

　しかし1980年以降になると，株式を上場して資金調達をする方法が一般化して，証券取引所の発展もあり，投資家にも配慮した欧米型の会計制度を導入する必要が生じた。このような流れの中で，2000年前後には個別財務諸表から連結財務諸表への公表変更，時価会計の導入などといった大規模な制度の改正（会計ビッグバン）が行われた。

　日本の制度会計の概念的な枠組みは，1949年に企業会計基準審議会が発足し，会計公準，企業会計原則が策定されたことから始まる。ここで，会計公準とは会計を行う上での最低限の理論的な基礎構造のことを指しており，以下の3つの公準から構成されている。

① 企業実体の公準
② 継続企業の公準
③ 貨幣的測定の公準

これら各公準の詳細については第6章で解説する。

会計公準に加えて，日本の制度会計の概念的な枠組みを示すものとして，企業会計原則が存在する。企業会計原則は，一般原則，損益計算書原則，貸借対照表原則の3つの部分から構成されているが，その中でも一般原則は，企業会計の全般にかかわる基本的なルール（損益計算書と貸借対照表の両方に共通するルール）であり，以下の7つの原則が存在する。なおこれら各原則の詳細については，第6章にて詳しく述べることとする。

① 真実性の原則
② 正規の簿記の原則
③ 資本と利益の区別の原則
④ 明瞭性の原則
⑤ 継続性の原則
⑥ 保守性の原則
⑦ 単一性の原則
⑧ 重要性の原則（一般原則ではなく，独立原則として明示）

さらに日本の制度会計においては，会計公準，企業会計原則の下に位置づけられる基準として企業会計基準が存在する。企業会計基準とは，帳簿をつけるときに行われていた技術や方法を理論的に体系化して，基準として整備したもののことを指す。

企業会計基準の特徴としては，法律とは異なり，罰則規定を有するものではないことである。ただし，企業会計基準を守らないことは，他企業の財務諸表との比較可能性が失われることを意味することから，資金調達の際に不利になる。ただし，財務諸表を作成した際の，公表方法などを企業が守らない場合は

外部の利害関係者に比較可能性などの点で不利益を与える恐れが生じるため，法律の縛りをかけることで罰則を設けておく必要が生じる。その場合の方法を規定する法律として，会社法と金融商品取引法の2つをあげることができる。

財務会計には，縛りをかける法律と密接に関係する形で2つの重要な機能が存在する。1つめは**利害調整機能**であり，2つめは**情報提供機能**である。

1つめの利害調整機能について説明すれば，以下のようになる。企業（特に株式会社）は，選出された経営者（取締役）が，株主から委託された資金と，債権者から借り入れた資金を，運用して獲得した利益を配当として株主に分配する組織であることから，株主と経営者，株主と債権者の間で利害の対立が生じる可能性が生じる。

例えば，株主と経営者の場合，株主は，自己の所有する資金の管理と運用を委託する者（資金の委託者）であるのに対して，経営者は，資金の管理と運用の権限移譲を受けて株主の利益のために行動する者（資金の受託者）である。経営者は，株主から委託された資金を誠実に管理するだけでなく，株主の利益になるように経営活動を行うべき責任（受託責任）を負うが，現実において，経営者が受託責任を常に誠実に遂行するとは限らない（企業資産の私物化，過大な交際費の支出）。そこで，株主と経営者との間には利害の対立が起こる可能性があるといえ，対立を解消するための人為的なメカニズムが必要となる。この場合の1つの代表的な対立の解消方法として，経営者から株主への年1回の経営報告（**株主総会**）を行う機会が設けられていることがあげられる。つまり，経営者は株主総会を開催することで，自己が株主の利益に合致するよう誠実に行動したことを伝達する。株主が，報告に基づいて経営者を不適切と判断した場合，株主は経営者を解任することができる。あるいは，経営者に最大限の努力を行わせるために，経営者報酬を損益計算書の利益額に連動させるような報酬制度を採用することもできる。そしてこのような制度の導入は，経営者が努力することを通じて株主の利益にもつながる。

株主と債権者の場合においては，企業に対する資金提供者という点では共通しているものの，その権利の内容は異なっている。例えば，株主は株主総会での議決権行使を通じて経営上の意思決定に参加でき，企業業績が好調な場合には，多額の配当金や社内留保の持ち分を取得することができる。また，企業倒

産時においても，自己の出資額のみの責任（有限責任）となる。しかし，債権者は，企業の経営意思決定には参加できず，報酬額は利息のみである。また，企業倒産時には元金が回収できない危険を負担しているため，仮に株主が多額の配当金を要求すれば，債権者の権利は著しく害されることになる。この意味において，株主と債権者の間にも利害の対立が生じる可能性が十分に存在しており，解消するための人為的なメカニズムが必要となる。例えば，会社法461条では配当金額の制限が定められており，作成される貸借対照表に基づいて配当の上限額が決められている。また，無担保の社債を発行する場合，一定水準以上の利益の維持ができなければ，社債を償還する条件（財務制限条項）を付けている。そしてこれに関連して，配当の上限額を算定するためにも，また財務制限条項を行う上で基礎となる利益情報や資産額を把握するためにも，損益計算書と貸借対照表の作成が不可欠となる。

つまり，株主と経営者，また株主と債権者のコンフリクトや思惑の違いを調整するために，損益計算書や貸借対照表（財務諸表）を公表することが重要な役割を果たすこととなる。これが利害調整機能である。

2つめの情報提供機能とは，投資家に対して，証券投資の意思決定に役立つ情報を提供することを通じて，投資家を保護し，それによって証券市場がその機能を円滑に遂行できるようにする機能のことを指す。この場合，投資家とは現在株式を保有している者（組織）だけでなく，これから株式を購入しようとする者（組織）である潜在的投資家も含まれる。

なお，上述した利害調整機能と情報提供機能とは対立する側面を持つ。実際，どの立場の利害関係者に重きを置くかによって，必要とされる会計情報は異なる。例えば，100万円で購入した株式が，現在の証券市場で130万円で取引されている場合を考えると，利害調整機能を重視するならば，株式購入に100万円を支払ったという事実が重要となるのに対し，情報提供機能を重視するならば，保有している株式を130万円で売ることができるという事実が重要となる。このように，どちらの機能を重視するかによって，求められる会計情報や作成される財務諸表の形式や情報は異なってくることとなる。

本章では，日本の会計制度（財務会計の位置づけ）を確認するとともに，日本の会計制度においては2つの法律の縛りが存在することを説明した。また，こ

のような縛りをかける必要があるのかについて，会計制度を利用する外部の利害関係者の立場から確認を行った。そこで次章では，本章の内容をさらに進める形で，制度会計を縛る2つの法律が具体的に何を規定しているのかについて論じることとする。

[復習問題]
1. 一般に述べられる「財務会計」とはどういう組織を対象として，どういった目的で行われる会計かを考えてください。
2. 財務会計の2つの機能についてまとめてください。また，あなたはどちらの機能がより重要だと思いますか。理由とともに説明してください。
（ヒント：経営者，株主，債権者，投資家の言葉を使って考えてみてください）

📖 次に読んでほしい本

桜井久勝・須田一幸(2017)『財務会計・入門(第11版)』(有斐閣アルマ) 有斐閣。
桜井久勝 (2017)『財務会計講義』(第18版) 中央経済社。

第4章　財務会計で求められる機能と法律との関係

> *学習のポイント
> 日本の会計制度に関わる法律は，なぜ2つもあるのでしょうか。

　前章では，日本の会計制度（財務会計の位置づけ）を確認すると同時に，日本の会計制度について2つの法律で縛りがかかっていること，および縛りをかける必要があるのかについて，会計制度を利用する外部の利害関係者の立場から確認を行った。そこで本章では，制度会計を縛るこの2つの法律が何を規定しているのかについて論じることとする。

1．会社法と金融商品取引法

　日本の企業会計は，企業で行われている実務を集めて規則化，基準化したものであり，法律上の縛りや罰則規定はない。しかしながら各項目の会計処理はともかくとして，書類の公表方法，公表する時期，そして企業会計上の規則を詳細に補足するためには法律上の縛りが必要であり，企業が従わない場合に備えて罰則規定が必要となる。

　また，実際の企業，特に株式会社においては，複数の利害関係者（株主や債権者）が存在することから，その利害関係者間の調整を図るためにも法律上の規則を設ける必要が生じる。これに関連するのが，会社法と金融商品取引法である。

(1) 会社法

　会社法と企業会計の関わりに関しては，主に計算書類（財務諸表を含む）の取り扱いについてとなる。この場合，株式会社の種類は，①資本金と負債の金

額，②会社が選択した統治制度（コーポレートガバナンス）によって分類される。

　株式会社の分類において最も代表的なものは，公開会社と非公開会社との分類である。非公開会社とは，発行するすべての種類の株式について，他人への譲渡に先立って会社の承認を要するという制限を課している会社（株式譲渡制限会社）のことを指す。一方，**公開会社**とは，非公開会社のような譲渡制限を課さない株式を少なくとも1種類以上発行している会社のことを指す。なお日本においては，株式を代表的な証券取引所に上場している会社（上場会社）は，一般的に公開会社のことを示す。

　また株式会社は，資本金と負債の金額によっても分類される。具体的には，大会社とは，資本金5億円以上または負債200億円以上の会社のことを指す。それに対して中小会社とは，資本金5億円未満かつ負債200億円未満の会社のことを指す。なお本書の以降の会社法の説明に関しては，大会社たる公開会社を対象とする。

　そして，大会社たる公開会社が公表しなければならない計算書類としては，以下の図表4-1に示すものがあげられる。

　さらに，株式会社は会社が選択した統治制度（コーポレートガバナンス）によって分類することも可能である。代表的な統治制度としては次の3種類をあげる

図表4-1　大会社たる公開会社における会社法上の計算書類

法律の規定 / 財務諸表の内容		会社法の計算書類
		会社法435条2項 会社計算書類規則59条1項
利益決定	基本財務諸表	損益計算書 貸借対照表
	補足情報	事業報告 注記表，附属明細書
株主資本		株主資本等変動計算書

ことができる。

（1）**監査役会設置会社**
（一般的な日本の会社の統治制度である）
（2）**指名委員会等設置会社**
（米国で主に採用されている統治制度である）
（3）**監査等委員会設置会社**
（2015年から採用可能となった統治制度である）

（1）の監査役会設置会社においては，以下の図表4-2に示すような組織形態が用いられている。

取締役会は株主総会で選任された取締役によって構成されており，そこで選任された代表取締役が会社を代表して業務を遂行する（取締役の任期は2年）。監査役会のメンバーは株主総会において選任され，企業内の業務や作成された財務諸表のチェックを行う（任期は4年）。大会社の場合はさらに，会計監査人（公認会計士または監査法人）を任命した上で，監査役会の監査以外に，外部の専門家が作成した財務諸表を確認（会計監査）する業務を行う（会計監査人の任期は1年）。

指名委員会等設置会社とは，社外取締役を過半数とする3人以上の取締役で監査・指名・報酬の3つの委員会を取締役会の内部に設ける（監査役会は廃止）

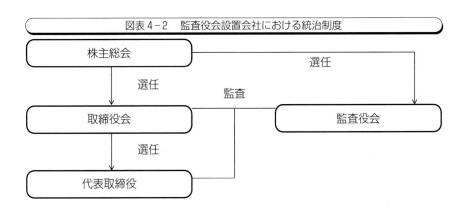

図表4-2　監査役会設置会社における統治制度

設置形態である。この場合，会社の業務執行は執行役および代表執行役を選任して担当させる（取締役会は執行役監督の機能に集中する）。

取締役会の中において，監査委員会，指名委員会，報酬委員会の3つの委員会が設置されている。監査委員会が取締役と執行役の職務監査と会計監査人の選任を行うのに対して，指名委員会では総会に提案する取締役候補者を決定する。報酬委員会では，取締役と執行役の報酬額を決定する（取締役と執行役の任期は1年）。

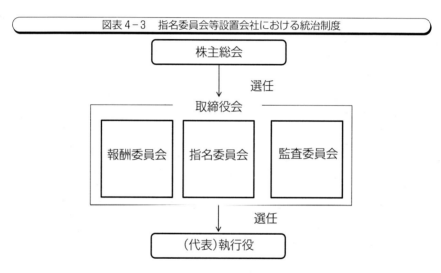

図表4-3　指名委員会等設置会社における統治制度

監査役会設置会社と指名委員会等設置会社の違いは主に2つある。1つめは指名委員会等設置会社の場合，取締役会の中に社外取締役を2名以上入れなければならない。2つめは，指名委員会等設置会社では，経営と執行がより明確に分離されていることである。それゆえに，指名委員会等設置会社の場合，代表執行役の権限が大きく，業務が迅速に進められることを特徴として有することになる。

監査等委員会設置会社とは，3つの委員会（監査委員会，指名委員会，報酬委員会）のうち，監査に関する委員会のみが取締役会の内部に設置される会社のことである。委員会は，指名委員会等設置会社と同じく，社外取締役を過半数とする3名以上の取締役で構成される。

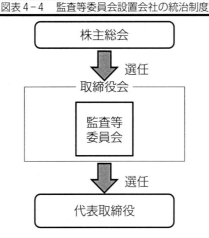

図表4-4　監査等委員会設置会社の統治制度

2015年よりこの形態の設置会社が認められるようになった背景としては，企業の会計不祥事をあげることができる。従来の監査役会設置会社の場合，監査役会は取締役会の外部におかれているために，議決権がなくその権限は弱かった。しかしながら，指名委員会等設置会社に移行するとなれば，社外取締役を多く任命しなければならないなど企業にとっては非常にハードルが高く，その採用は少数の企業に限られているのが現状である（2017年8月1日現在で全上場企業の73社）。

両者の設置会社の欠点を補い，日本企業のコーポレートガバナンスの強化を図るために生み出された機関が，この監査等委員会設置会社である（2017年8月1日現在で東証上場企業442社が導入）。

次に，作成された財務諸表の公表に当たって，会社法で具体的にどのような規定がなされているのかを確認する。会社法では，会計情報の開示制度と決算日程についても条文により定められている。詳細な内容は以下の図表4-5のようになる。

図表4-5　会社法の開示制度と決算日程

　会社法の規定によれば，定時株主総会は決算日から3か月以内に開催されることが義務づけられている（会社法124条2項）。さらに，株主総会の2週間前までに計算書類の郵送などの方法により財務報告を行うことが要求されている。

　会計監査に関して，監査人は4週間以内（監査役会，監査委員会は5週間以内）に監査を行い，取締役会に監査報告書を提出することが義務づけられている。

　さらに，会社法関連で財務諸表の作成と報告に関して定められている条文として，①計算書類規則，②会社法施行規則，③会社計算規則，④電子公告規則の4つをあげることができる。

（2）金融商品取引法

　会社法が，経営者・株主・債権者の間の私的利害関係の相互調整を図ることを目的とした法律であるのに対して，金融商品取引法は，私的利害関係を超えた国民経済全体の発展や調和を目的とした法律である。具体的には，有価証券の発行市場と流通市場のそれぞれについて，企業が投資者への情報提供のために作成・開示すべき書類を規定したものである。

　財務会計の2つの機能のうちの証券市場における情報提供機能は，金融商品取引法に基づく手続きにより提供されるものである。

　金融商品取引法で公開を義務づけられている書類についてまとめれば，以下の図表4-6のようになる。

第 4 章　財務会計で求められる機能と法律との関係 ｜ 33

図表 4-6　金融商品取引法で公開を義務づけられている書類

法律の規定 財務諸表の内容	金融商品取引法の財務諸表
	金融商品取引法 財務諸表規則1条
利益決定　基本財務諸表	損益計算書 貸借対照表 （キャッシュフロー計算書） 附属明細書
補足情報	附属明細書
株主資本	株主資本等変動計算書

　金融商品取引法に基づいて公表される書類の中で最も重要なものは，**有価証券報告書**であり，年に一度開催される株主総会の後に，金融庁のホームページである EDINET で公開される (http://disclosure.edinet-fsa.go.jp/)。なお EDINET によって公表されている書類には，財務諸表と連結財務諸表，これらに関する監査法人の監査報告書が含められている。

　さらに，有価証券報告書以外に公表を義務づけられている書類としては，3カ月に一度公表される**四半期報告書**があげられる。この書類には，個別と連結の四半期財務諸表および四半期レビュー報告書が含められる。さらに，他企業の合併や大株主の変動または災害損失など，臨時的に発生した重要事象に関して作成される**臨時報告書**も公表を義務づけられている書類である。

　報告時期および報告期間については，有価証券報告書については決算日から3カ月以内，四半期報告書については各四半期末から45日以内と定められている。臨時報告書については，重要事象が起こった後，速やかに報告することが法律で定められている。

　さらに，発行市場でのディスクロージャー制度の中で，有価証券届出書と目論見書の2つの公表が義務づけられている。具体的には，企業が1億円以上の有価証券を不特定多数の投資家に販売して資金調達を行う場合，有価証券届出

図表4-7　金融商品取引法のもとでの財務諸表の処理・表示・監査の基準

対象情報 （設定主体）	会計処理の基準 （企業会計審議会 及び企業会計基準 委員会）	表示の基準 （金融庁）	監査の基準 （企業会計基準審 議会）
財務諸表	企業会計原則 企業会計基準ほか	財務諸表規則	監査基準
連結財務諸表	連結財務諸表に関する会計基準	連結財務諸表規則	
四半期財務諸表	四半期財務諸表に関する会計基準	四半期財務諸表規則	四半期レビュー基準
四半期連結財務諸表		四半期連結財務諸表規則	

書と目論見書による情報提供が義務づけられている。有価証券届出書は，投資家を中心とする一般公衆が希望により閲覧できる書類であり，目論見書とは発行される証券を取得しようとする投資家に対して直接に交付される書類のことを指す。

　金融商品取引法のもとでの，財務諸表の処理・表示・監査の規定をまとめれば，図表4-7のようになる。

　本章では，まず第1に会社法における会社の分類を確認するとともに，会社法における大会社たる公開会社の統治制度を解説し，会社法で定められている書類公表の時期と必要な書類について述べた。これらの会社法の規定は，財務会計における利害調整機能と非常に密接に関連している。さらに，金融商品取引法における企業の会計情報の公表制度についても解説した。この金融商品取引法の規定は，財務会計における証券市場での情報提供機能と密接に関連している。

　会社法が，戦前の商法と称されていた時代より債権者を守るための法律であるのに対し，金融商品取引法は株主あるいはこれから株式を購入しようと考えている投資家を守るために制定された法律であることから，両法律が対象とする企業の利害関係者は異なっている。そしてこの違いが，新しい会計基準を制

定する上でしばしば障害として立ちはだかるのである。

　欧米では，一貫して投資家中心の会計基準が採用されており，IFRS も同様である。よって日本の場合においても，IFRS を導入することは投資家に重きをおくことにつながることになる。しかし，戦前より財閥制度を通じて1つの銀行と密接な関係を結ぶことで企業活動を発展させてきた日本にとって，IFRS を採用することが果たして最も適切な解答となるであろうか。この点こそが，本書全体を通じて最も主張すべきポイントとなる。

　前章と本章では，国際会計を論じる上で基礎となるべき日本の会計制度のシステムと法律との関係を論じてきた。そこで次章では，IFRS および日本の会計基準を策定する上での方法上の違いを確認するとともに，IFRS の特徴について整理することとする。

関連記事（日本経済新聞朝刊　1998年4月15日より抜粋）

＜バブル後メインバンク制に亀裂＞
　コーポレートガバナンス（企業統治）は「株主の，株主の負託者（経営者）による株主のための経営」を掲げる企業統治システムを指し，企業は株主のものという米英の基本理念に基づく。
　これに従えば日本の企業統治は「メインバンク制」「株式持ち合い」「サイレントパートナー（物言わぬ株主）」により著しくゆがめられてきた。ひずみは戦中・戦後の諸制度で醸成され，長年維持されてきたため米英からは異質な形態とみられてきたのである。
　しかし，バブル崩壊，長期不況により旧来システムが機能不全に陥ると，日本型統治の要素にも変化が出てきた。柱だったメインバンク制の崩壊は，銀行と企業の両面で生じはじめた。銀行は不良債権処理，早期是正措置への対応などから，従来のようには企業に深く関与できない。一方，大企業は資金調達の多様化で銀行からの融資のみに依存する必要がなくなっている。
　この傾向を端的に示すのが間接金融から直接金融への移行である。金融・保険を除く上場企業の負債に占める社債などの比率は，80年度末の7.7%から96年度末には16.5%に上昇（大和総研推計）した。銀行の貸し渋りなどを背景とした社債発行ブームなど，直接金融は最近さらに拡大している。

＜持ち合い解消も加速＞
　株価低迷と国際会計基準による時価評価の潮流から，株式を保有する魅力が失せたため，「株式持ち合い」も解消に向かっている。上場企業の発行済み株式数に占める持ち合い株の

比率は85年度の56%をピークに低下，96年度には47%になった。
　一方，最近までサイレントパートナーとして企業経営者を無言で支持してきた生命保険など大株主の投資態度も変化し始めた。従来は負債の満期が長期なのに合わせ投資資産も長期保有を原則としてきたが，運用利回りの低下から保有銘柄の選別を強めている。
　過去の日本では既存システムが崩壊し新たなシステムへ移行する契機に外部（外国）からの圧力が作用していることが多い。企業統治の変革でも外国の影響が強く反映する可能性が大きい。

・・・・・・・・・・・・・中略・・・・・・・・・・・・・

　外国人投資家の活動を機に「株主主権」意識の浸透が日本の企業統治を大きく変えていこう。ただ，日本の機関投資家の株式保有比率は二割弱と，米の70年代前半の水準にとどまっており，現在の米並みの「株主主権」が整うには相当時間がかかるかもしれない。（大和総研）

[復習問題]
1．利害関係者の利害調整を行うために会社法ではどのような規定が定められているのかを説明してください。
（ヒント：企業のガバナンス，配当）
2．会社法と金融商品取引法との関係について考えてください。またIFRS導入とともに，その関係がどう変化しているのかについても考えてみてください。

📖 次に読んでほしい本

桜井久勝・須田一幸（2017）『財務会計・入門（第11版）』（有斐閣アルマ）有斐閣。
桜井久勝（2017）『財務会計講義』（第18版）中央経済社。

第5章 日本の基準策定とIFRSの特徴

> ＊学習のポイント
>
> 会計基準を作り上げるアプローチの違い（メリットとデメリット）を，しっかり確認しましょう。またIFRSの特徴を理解しましょう。

　第3章および第4章では，国際会計を論じる上で基礎となる日本の会計制度のシステムと法律との関係を論じてきた。そこで，本章ではIFRSと日本の会計基準を策定する上での方法の大きな違いを確認するとともに，IFRSの大きな特徴について整理することとする。

1．帰納的アプローチと演繹的アプローチ

　簿記という実務上の慣行を体系立ててまとめ上げたものが会計基準であるが，体系化の方法には2つの大きなアプローチが存在する。1つめは，帰納的アプローチであり，2つめは演繹的アプローチであるが，いずれのアプローチで会計基準を策定するかについては国ごとに異なる。

　帰納的アプローチとは，これまで取引を記録するために行われてきた簿記上の実務的な慣行をまとめる形で，会計基準を作り上げていくアプローチのことである。長所としては，これまで行われてきた実務的な慣行を基準としてまとめ上げていくことから，実際に経理を行う人にはなじみやすい。しかしながら，今まで行ってきた実務をそれぞれ会計基準としてまとめるため，全体の理論的なまとまりに欠ける。

　演繹的アプローチとは，帰納的アプローチとは逆に，体系化した理論を先に策定して，それに沿う形で会計基準を作り上げるアプローチである。その際の大きなポイントとしては，資産とは何か，負債とは何か，純資産とは何か，収

益，費用とは何かを定義づけし，定義を満たす項目を各項目に分類することである。また，損益計算書と貸借対照表で公表される情報にはどんな役割が求められているのかについての理論的な枠組みを構築し，実際の経済活動に照らし合わせたときにどの情報をどんな形で簿記として表し，公表するのかを検討する。

ここで，欧米および日本の会計基準がどちらのアプローチに当てはまるのかを検討してみる。日本の会計基準は，戦前および戦後から用いられてきた簿記上の慣行を会計基準として取りまとめたものである。必要最低限の理論的な枠組みとして，会計公準，企業会計原則，貸借対照表原則，損益計算書原則は存在するが，慣行をまとめたものであるので，帰納的アプローチに近い。

EU主導で導入が進められているIFRSの場合（米国の場合も同じアプローチ），前身のIASCが1989年に公表した「財務諸表の作成および表示に関するフレームワーク」を2001年4月に採用し，資産，負債，純資産，収益，費用の定義および財務諸表で公表される情報に何が求められるのかを明確に記載している。FASBについても，独自の概念フレームワークは存在したが，IASBとFASBで改善された共通の**概念フレームワーク**を開発するための共同プロジェクトが現在進行している。

2010年9月には，8つに分けたうちのフレーズ1が完成し，第1章「一般目的財務報告の目的」と第3章「有用な財務情報の質的特性」が公表された。これら一連の活動の流れは，「概念フレームワーク」に基づいて会計基準を策定していることから，演繹的アプローチに基づいたものであるといえる。

2．IFRSの特徴

次章以降においてIFRSについて論じていくことになるが，その前提としてIFRS全体を通じて採用されている特徴について整理することとする。

IFRSの特徴としては，次の8つをあげることができる。

① 原則主義（プリンシプルベース）
② 比較可能性の重視

③ 資産・負債アプローチの採用
④ 公正価値会計，キャッシュ・フロー会計，連結会計の重視
⑤ 経営者の恣意性の排除
⑥ 実質優先思考
⑦ 豊富な注記
⑧ 演繹的アプローチ

　①の原則主義についてであるが，日本や米国では産業や取引形態に応じた細かい規定がなされている。日本の場合，実務指針などの会計基準に基づいて詳細な規定が定められており，これを一律の会計処理・開示の要求として，**細則主義**と称する。

　細則主義の場合，規則が詳細に定められているため，実務家は規則を確認して実際の会計処理を行えば良い。しかしながら，詳細に規定すればするほど，それを巧妙に逃れる基準逃れが起こり，さらに詳細な基準策定という悪循環に陥ることがあげられる。

　日本や米国と異なり，IFRSでは原則主義が採用されている。ここで原則主義とは，産業や取引形態に応じて会計処理を細かく規定するのではなく，判断を要する場合に立ち戻るべき基本的な考え方のみを規定する主義を指す。実際，日本，米国の会計基準に比べIFRSの基準書は10分の1程度である。

　原則主義を採用するメリットとしては，数値基準の排除による会計操作の排除，より実態に即した会計処理が可能となることがあげられる。しかしその反面，デメリットとして，比較可能性の低下，抽象的な基準書になってしまい具体的な仕訳がイメージしにくくなることがあげられる。

　原則主義の特徴としては，

① 法律を前提としたルールを作らない
② 数値基準を唯一の判断基準としない
③ 産業別，商品別といった個別ルールを作らない
④ 判断基準となるものの確証や証跡の形式を限定的に定めない
⑤ ルールに不明確な点があれば概念フレームワークに立ち返り判断する

―――――――――――― 図表5-1　細則主義の規定について ――――――――――――

細則主義（学則の例）

① A高校の学則で「校風に則して髪は肩から5センチまでの長さ」と規定

② 肩までの長さで茶色に染めて，パーマをあてた学生がやってきた

③ 茶色に染めること，パーマを当てることは校風にはなじまない

④ 「髪は肩から5センチまでの長さで染髪，パーマは禁止」と細かく規定

規則が膨大化する

―――――――――――― 図表5-2　原則主義の規定について ――――――――――――

原則主義（学則の例）

① 「A高校は高校生と校風にふさわしい髪型をすること」という原理原則が示される

② 「肩から5センチの長さ，染髪禁止，パーマ禁止」という詳細は示されない

③ 学生が校則を守っているかどうかは，過去のいきさつや状況などさまざまな立場から判断される

A高校での教育経験や最近の高校事情を知る人の存在が不可欠

をあげることができる。理解しやすい例として，学則を取り上げて説明すれば，図表5-1および5-2のようになる。

　よってIFRSを採用するに当たり，仮に原則主義を採用するとすれば，細則主義の会計基準とは根本的に違うという理解に立脚した上で，会計基準に対する意識改革を行うことも必要とされる。

　②の比較可能性の重視は，次の2点を目的としている。

（1）代替的な会計処理を排除
　同業他社など，企業間での比較可能性が向上
（2）会計処理の遡及的適用，修正，再表示を徹底
　会計方針を変更した場合，過年度の財務諸表にさかのぼって適用し，修正・再表示する（同一企業の財務諸表の比較可能性を確保・向上させる）

　比較可能性の重視を行う際のポイントとしては，極力例外を排除して，同じルールに従って作成を行うことがあげられる。
　③の資産・負債アプローチの採用であるが，財務報告で，企業財産の評価・報告を重視すると収益と費用の報告がわかりにくくなる（逆もまたいえる）。
　企業の利益観に関するアプローチとして，**収益・費用アプローチ**と**資産・負債アプローチ**の2つが存在する。収益・費用アプローチが収益と費用の報告を重視するアプローチであるのに対して，資産・負債アプローチは企業財産の現在の価値と評価を重視するアプローチである。
　なおIFRSは資産・負債アプローチに立脚した会計基準なのだが，この点については次章以降で詳しく説明することとする。
　④の公正価値会計，キャッシュ・フロー会計，連結会計の重視であるが，これは会計における原価主義と時価主義の問題に関連している。このことを明らかにすべく次の例を考えてみよう。

> 設例：100万円で購入した株式が，130万円で取引されている

　この場合，**原価主義**は過去にいくらで取得したのかを重視する考え方であり，株式を購入するために100万円支払ったという事実が重要となる。一方，**時価主義**とは，今，市場で株式を売ったらいくらになるかということが重要であり，130万円で売れるという事実が重要となる。
　原価主義と時価主義をキャッシュ・フローの流れで考えると，原価主義の場合は過去のキャッシュ・フローを重視する考え方（支払ったという事実に着目している）に立脚しているのに対し，時価主義は将来のキャッシュ・フローを重視する考え方（今，株式を売れば，どの程度のキャッシュが手に入るかを重視している）に

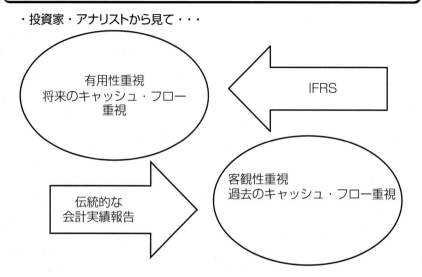

図表5-3　IFRSと伝統的な会計との違い

・投資家・アナリストから見て・・・

有用性重視
将来のキャッシュ・フロー重視

IFRS

客観性重視
過去のキャッシュ・フロー重視

伝統的な
会計実績報告

立脚している。

　日本で採用されてきた伝統的な会計であれば，過去の**キャッシュ・フロー**の収支を重視し，株式を実際に購入するためにいくら支払ったのかという情報が重要となる。債権者や株主にとっては，経営者へ委託した資金がどのような形で用いられたのかという情報が重要だからである。よって「取得原価情報」が重視される。しかし，投資家向けに情報を提供するのであれば，投資家は，今，企業が保有している株式がいくらで売れるのか，さらに言えばその企業が資産を効率的に運用しているのかという情報を重視する。つまり，将来のキャッシュ・フローの収支を重視することとなるのである。そこで「時価情報」が重視されることとなる。

　IFRSの場合，「時価」のことを公正価値と定義する。「時価」は取引される市場があることが前提となっている考え方であるものの，実際には，すべての資産に客観的な市場が存在するわけではない。例えば，上場していない株式の客観的な時価の把握は困難である。この場合，経営者が，将来入ってくるキャッシュ・フローに基づいて見積もりを行う必要が生じてくる。日本でも

図表5-4　時価と公正価値との関係

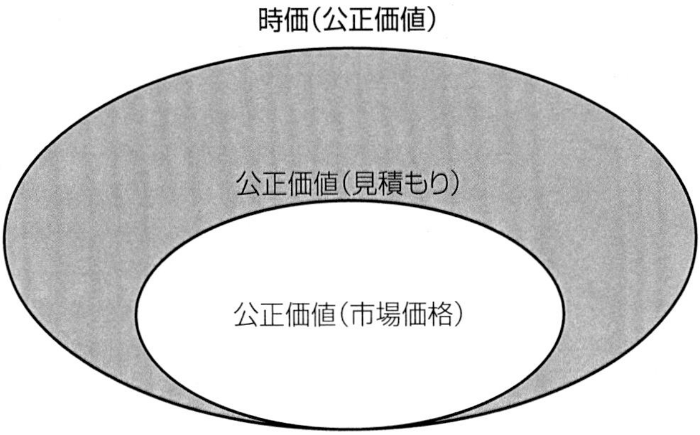

時価(公正価値)

公正価値(見積もり)

公正価値(市場価格)

「時価」という表現が用いられるが，「時価」と「公正価値」との関連は次の図表5-4として示される。「時価」とは一般的に市場価値のある公正価値のことであり，白い枠内の公正価値として定義される。

「公正価値」会計を採用した場合，実際に売却した利益だけでなく，いわゆる「**含み益**」も利益に含まれてくる。また，キャッシュ・フロー会計の重視とは，「公正価値」の見積もりに使われるキャッシュ・フローを重視するだけでなく，キャッシュ・フロー計算書にも着目する必要があるということであり，利益だけでなく，実際の資金の流出入にも着目する必要が生じるということである。

連結会計の重視とは，企業グループごとに本支店や子会社，関連会社などをすべてまとめた1つの報告書を作成することを意味する。これを行うことによって，企業グループ全体の財政状態，経営成績を確認することができる。

⑤の経営者の恣意性の排除とは，（1）代替的な会計処理方法を極力排除する（経営者の裁量による会計処理を防ぐ）ことと，（2）当期純利益に変わる包括利益という**概念**（通常の当期純利益に，その他有価証券の評価益，デリバティブ取引の損益などを含めた利益概念）を導入することを意味する。

例えば，過去に日本で良く行われていた経営者の恣意性が介入した取引として，経営成績が悪い場合に，**持ち合い株式**（その他有価証券）を売却して売却益

を利益に計上し，年度が変わると株式を買い戻すことがあげられる。その他有価証券の評価損益の変動を利益に含めることで，経営者の意図に左右されない業績が確保できる。

⑥の**実質優先思考**とは，取引の契約内容だけでなく，経済的な実態を重視して会計処理を行うことを意味する。例としてリース取引について考えてみる。

企業はコピー機などをリース会社から借り入れて，それを耐用年数まで使用して返却した場合，リース会社はそのコピー機を中古市場に売却する。よってこれは実質的には売買取引と同じ使用形態となる。

形式主義に則った場合，リース契約はあくまでも賃貸借契約であることから，企業が支払ったリース料を費用として計上することとなる。しかしながら，実質優先主義に則った場合，経済実態としては売買取引と同じとなることから，リース資産であっても資産計上し，減価償却も行っていくこととなる。IFRSは，実質優先主義に則った考え方に立脚しているため，リース取引においては例外を除いて売買取引と同様の会計処理を採用している。

⑦の豊富な注記については，IFRSでは財務諸表の本体以外に定量的，定性的に豊富な注記を要求している。この場合における注記の内容は，企業のリスクに関する情報，資産・負債の公正価値に関する情報に重点が置かれたものとなる。これは，公正価値には将来キャッシュ・フローの見積もりなど経営者の恣意性が入る可能性があるためである。また，原則主義を採用しているために，報告される数値には前提となる事実説明が必要になる（よって，シンプルな本体に豊富な注記となる）。

本章では，演繹的アプローチと帰納的アプローチの違いを述べた上で，日本およびIFRSの会計制度がどちらに立脚しているのかを説明した。また，IFRSの大きな特徴である原則主義およびその他の特徴についても解説した。

次章では，日本とIFRSを比較する形でIFRSから公表されている概念フレームワークの概要の説明，日本の会計基準の理論的前提にあたる会計公準，企業会計原則，損益計算書原則，貸借対照表原則の解説，日本でも公表されている「概念フレームワーク」（討議資料）の概観を述べることとする。

第 5 章　日本の基準策定と IFRS の特徴　│　45

関連記事①（日本経済新聞　2014年3月6日　経営学は今「企業会計の活用と課題」）

日本は安定・信頼性を重視　一橋大学准教授　加賀谷哲之

　企業会計は国ごとに異なる歴史的背景や市場環境で進化したため，様々な特徴や意義を持つ。

　例えば，世界の企業会計に大きな影響力を持つ米国の金融当局は資本市場の規律付けを重視する姿勢を示してきた。企業会計でも，投資家の意思決定となる適時性，透明性を重視する傾向が強い。

　一方，日本企業は安定株主，銀行，従業員，政府など多様なステークホルダー（利害関係者）と長期的な関係を構築することを重視してきた。会計情報ではそうした関係構築で欠かせない要素である安定性，信頼性を重視すると指摘される。

　こうした企業会計も1990年代半ばから世界規模での統合や収れんが急速に進んだ。東西冷戦の終結による企業活動や市場のグローバル化の進展が背景にある。これはステークホルダー同士の摩擦につながりやすい。

　各国の会計基準に共通する「公正価値会計」を巡る議論が好例だ。これは回を改めて詳述するが，公正価値会計を簡潔に説明すれば，企業の将来情報を現在の財務諸表に反映させる手法である。投資家の一部は関心を寄せるが信頼性や安定性に欠ける側面がある。

　特に日本は，米国に比べ，金融商品取引法，会社法，税法などと企業会計との関連が密接だ。会計基準の統合や収れんが日本の企業や経済のシステムにどのような影響を与えるのか慎重に見極めなければならない。

　欧州連合（EU）では国際会計基準（IFRS）と域内の会社法の整合に関する議論が高まってきた。日本企業にとっても対岸の火事ではない。

関連記事②（日本経済新聞　2014年3月10日　経営学はいま「企業会計の活用と課題」）

情報開示が予測精度を高める　一橋大学准教授　加賀谷哲之

　国際会計基準（IFRS）で特に重視されている「公正価値会計」という手法への批判が金融・産業界で目立ってきた。

　公正価値会計とは，市場での時価など客観的な価格に基づいて測定される資産や負債を認識，測定する会計システムのことを指す。

　これに対し，取得価額など原価をベースに資産や負債を測定，認識するシステムが「取得原価会計」だ。公正価値会計は取得原価会計よりも会社の「いま」を把握するのに有効だ。だが，将来の出来事に関する予測や見積もりが大きく影響するので，結果が不安定になりやすいというのが大方の批判の論拠といえる。

　確かに中・長期の業績を正確に予測するのは困難だ。例えば，農業分野で公正価値会計を適用すれば，苗木を植えた時点で，それが将来生むキャッシュフロー（現金収支）も財務諸表に反映することになる。一方，取得原価会計では，苗木の取得原価などが財務諸表にのる

だけで，将来の利益予想は反映しない。

公正価値会計が疑問視されるきっかけになったのは米エネルギー大手エンロンの不正会計だ。同社は公正価値会計を採用していたが，2001年に簿外債務の隠蔽などが明らかになって株価が急落，市場が混乱した。

08年のリーマン・ショックとその後の金融危機では，公正価値会計が景気変動を増幅させたといわれた。その前の好況時に公正価値会計の金融機関が経営者報酬や配当を大きく増やし，不況に対応できる自己資本などの経営体力を維持できなかったとされた。

公正価値会計を活用するには，将来予測の精度を上げる必要がある。それには予想や見積もりの前提になる情報の開示が欠かせない。開示を実行，評価するステークホルダー（利害関係者）は知識や技能を高めなければならない。情報開示が進めば市場の透明度は高まるが，監査コスト増など新たな課題も生まれる。

[復習問題]
1．演繹的アプローチと帰納的アプローチの違いを説明してください。また日本はどちらのアプローチを採用しているのか考えてください。
2．IFRSで採用されている「原則主義」と「細則主義」の違いを説明してください。

📖 次に読んでほしい本

あずさ監査法人IFRSアドバイザリー室編集（2016）『新・IFRSのしくみ（すらすら図解）』（改定改題版）中央経済社。

飯塚　隆・有光琢朗・前川南加子（2010）『IFRS（国際会計基準）の基本（日経文庫ビジュアル）』日本経済新聞出版社。

第6章　日本およびIFRSの概念的枠組み

> ＊学習のポイント
>
> 　アプローチが違っても，会計の基本概念には共通点があります。日本とIFRSの理論的な枠組みをしっかりと理解しましょう。

　本章では，日本とIFRSを比較する形でIFRSから公表されている概念フレームワークの概要，日本の会計基準の理論的前提にあたる**会計公準**，**企業会計原則**，損益計算書原則，貸借対照表原則，日本でも公表されている「概念フレームワーク」(討議資料)の概要の解説をそれぞれ行うこととする。

　企業会計における演繹的アプローチでは，1つ1つの新しい経済的取引について，会計上の基準や具体的な仕訳を定める。その際に，統一した理論の下で会計基準を定めなければ，1つ1つの基準の間に食い違いが生じることとなる。

1．IFRSの概念アプローチ

　IFRSの場合，個別のテーマごとに会計基準を設定していく方式 (ピースミール・アプローチ) を採用している。このアプローチは，新たな問題に迅速かつ機動的に対応できることがあげられる長所を持つが，テーマごとに不整合が起きるために，基準相互間の首尾一貫性，整合性を保つ必要が生じるという短所を有する。そしてこれらの首尾一貫性を維持する場合に必要となるのが，会計上の憲法ともいえる「概念フレームワーク」の設定である。

　IASBでは，前身のIASCが1989年7月に公表した「財務諸表の作成および表示に関するフレームワーク」を，2001年4月に概念フレームワークとして採用した。これは財務会計の前提や基礎概念を体系化したものである。また，将来のIFRSの理論的整合性を確保する上で要となるものであり，IFRSが許容し

ている代替的会計処理方法の選択肢の数を削減する根拠を導くものといえる。
　IFRSの概念フレームワークの構成は以下のとおりである。

```
序文
はじめに
財務諸表の目的
基礎となる前提・・・・・発生主義　継続企業
財務諸表の質的特性・・・理解可能性，目的適合性，信頼性，比較可能性
財務諸表の構成要素・・・財政状態，資産，負債，持分，業績，収益，
　　　　　　　　　　　　費用，資本維持修正
財務諸表の構成要素の認識
財務諸表の構成要素の測定
資本及び資本維持の概念
```

　IFRSにおける財務諸表の目的とは，「現在の株主，潜在的な株主（投資家），貸付資金の提供者およびそのほかの債権者（primary users）の意思決定に有用な情報を提供すること」と定義される。そしてこれらの条件を満たす情報を公表する際の前提条件は，次の2つと定義されている。

① 発生主義会計を採用していること
② 予見しうる将来にわたり企業が継続すること

　財務情報の質的特性は，基本的質的特性と補強的質的特性の2つに区分される。
　このうち，基本的質的特性の最も重要な特性の1つめは，財務情報が目的に適合していることを意味する**目的適合性**であり，公表される財務情報が次の3つの特性を有していることが要求される。

① 予測価値＝利用者が新たな予想を行うための情報の利用価値

② 確認価値＝利用者の過去の予測を確認または修正するための情報の利用価値
③ 重要性＝その情報が省略されたり誤表示されたりした場合に，利用者の意思決定が影響を受ける可能性があること

基本的質的特性の重要な特性の2つめは，表現しようとする事象を忠実に表現していることを意味する**表現の忠実性**であり，これはさらに次の3つの特性を有することが要求される。

① 完全である＝事象を理解するために利用者にとって必要な情報のすべてを含むこと
② 中立的である＝情報の選択や表示方法の決定にあたって，偏りがないこと
③ 誤りがない＝事象の記述に誤りや漏れがなく，情報を作成する方法の選択と適用に誤りがないこと

補強的質的特性とは，財務情報が「目的適合性」と「表現の忠実性」という2つの基本的質的特性を兼ね備えている場合に，情報の有用性を補強する要因となる特性であり，比較可能性，検証可能性，適時性，理解可能性の4つをあげることができる。

比較可能性とは，利用者が項目間の類似点と相違点を識別，理解することを可能とする特性のことを指す。これには，同一時点における他の企業との比較（企業間比較）と同一企業についての異なる期間・時点の比較（時点間比較）が含まれる。

検証可能性とは，知識を有し，かつ独立的な他の観察者が特定の描写について合意に達することができることを意味する。これには，対象となる情報そのものを裏付ける証拠と突き合わせることによる検証（現金の実査など）といった直接的な検証と，モデル，計算式やそのほかの技法でインプットのチェックを行ったうえで，同一の手順によって再計算を行うことでの検証（先入先出法による期末棚卸資産の再計算など）といった間接的な検証とに区分される。そしてさら

に,利用者の意思決定に影響を与えることが可能となるよう,情報が適時に利用可能となる適時性,情報を分類し,特徴づけ,明瞭かつ簡潔に表示することにより,その情報が理解可能となる理解可能性が補強的質的特性に含まれる。

ただし,これらの基本的質的特性,補強的質的特性を満たす情報を公表する際の,制約要因としてコストが含まれる。例えば,コストをかければかけるほど財務報告の有用性を高めることはできるが,最終的には採算の悪化という形で利用者が負担する形となり,不利益が生じる。また,財務報告の利用者にも,情報を分析したり解析したりするためのコストが生じることになる。さらに,必要な情報が提供されない場合,他から入手あるいは見積もるためのコストが発生するため,情報の提供に関しては,その情報の利益とそれに生じる不利益を照らし合わせる必要が生じる。

以上で説明したIFRSの概念フレームワークを必要な階層ごとに図表として分類すると,以下の図表6-1のように整理できる。

次に,財務諸表の構成要素について説明する。これに関しては後の資産・負債アプローチの説明にも登場することから,ここでは,資産と負債,持分の定義についてのみ示すことにする。

図表6-1　IFRSの概念フレームワーク

有用な財務情報の質的特性の階層と制約要因

基本的質的特性

| 目的適合性 | 表現の忠実性 |

補強的質的特性

| 比較可能性 | 検証可能性 | 適時性 | 理解可能性 |

制約要因

| コスト |

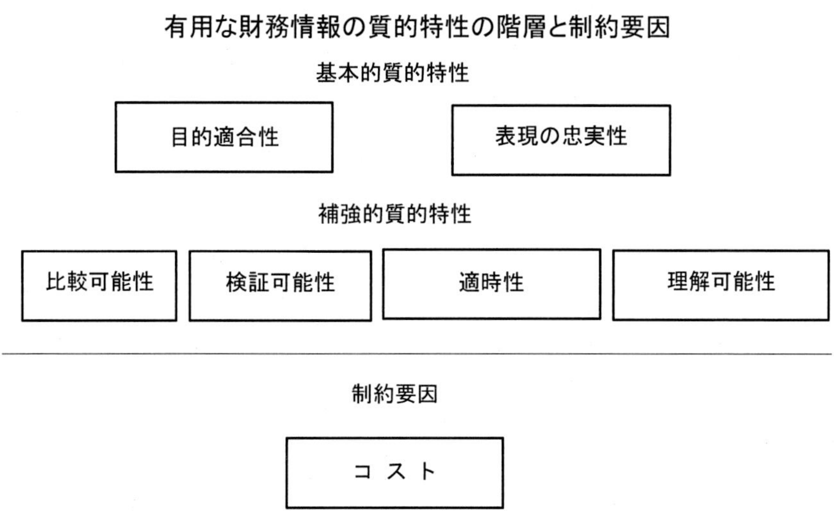

資産とは，過去の事象の結果として発生したものであり，企業が支配している資源であり，将来の経済的便益の流入をもたらすものであると定義されている。また負債とは，過去の事象の結果として発生したものであり，企業が現在負っている義務であり，将来の経済的便益の流出をもたらすものと定義されている。

　持分とは，企業のすべての負債を控除した残余の資産に対する請求権を意味するが，資本および資本維持の概念には貨幣資本概念（投下した貨幣または投下購買力など）と，実体資本概念（操業能力など）という2つの概念が存在する。

　資本概念の選択は，維持すべき資本の定義と関連して，利益と資本の区別が導かれる。そして資本維持とは，利益が測定する基準点を提供するものであり，資本を維持するために必要な金額を超える資産の流入額のみが利益とみなされる。

2．日本の概念的枠組み

　日本の概念フレームワークは討議資料として存在しているが，これについては後述する。

　そして，会計基準を策定する基本的な理論として，**会計公準**，企業会計原

図表6-2　会計公準の種類

会計公準	形式的意味	実質的意味
企業実体の公準	会計の計算は企業実体を対象として行う	企業は出資者から独立した別個の存在である
継続企業の公準	会計の計算は，期間を区切って行う	企業は倒産しない
貨幣的測定の公準	会計の計算は，貨幣額を用いて行う	貨幣価値は変化しない

則，貸借対照表原則，損益計算書原則が存在する。

① 会計公準

会計公準とは，それなしでは会計が成立しないという意味で，会計理論や実務の基礎をなす最も基本的な概念や前提事項であり，以下の3つの公準で構成されている。

（1）企業実体の公準
（2）継続企業の公準
（3）貨幣的測定の公準

企業実体の公準は，会計を行うには，その対象である組織や範囲を特定する必要があることを示している。実際には，法的に独立した企業で考えられることが多い。つまり，出資者の個人的な財産や債務とは別に，企業の資産・負債・資本が識別されることを意味する。

継続企業の公準とは，現代の企業は解散を前提とはせず永遠に存続し，成長することを前提として経営することを示している。実際には，企業の解散時点を待って利益を計算することは不可能なので，人為的に期間を区切り，経営成績や財政状態の測定をすることが必要となる。つまり，期末または決算日を設けることが必要になる。

貨幣的測定の公準とは，企業が取り扱う財貨は多種多様であり，物理的な測定単位も財貨ごとに異なることを示している。この場合，各項目を共通の測定尺度で表現する必要が生じるのであるが，実際には貨幣額をもって表現される。そして，厳密には貨幣額の価値は変動しているが，この公準ではその価値は不変とされている。

② 企業会計原則

企業会計原則は，一般原則，貸借対照表原則，損益計算書原則より成り立っている。ここでは，その中でも企業全般にかかわる一般的なルール，あるいは損益計算書，貸借対照表両方に関わるルールである一般原則について解説す

る。一般原則には次の7つが規定されている。

（1）真実性の原則
（2）正規の簿記の原則
（3）資本取引・損益取引区分の原則
（4）明瞭性の原則
（5）継続性の原則
（6）保守主義の原則
（7）単一性の原則
　　　重要性の原則（一般原則ではなく，独立原則として明示）

　真実性の原則とは，「企業会計は，企業の財政状態および経営成績に関して真実な報告を提供するものでなければならない」とする原則である。ここでの「真実」とは「絶対的」な真実ではなく，「相対的」な真実のことを指す。具体的には次のような会計処理方法があげられる。

（1）継続する企業活動を1年ごとに区切って利益計算をするため，人為的に主観的な見積もりが含まれる（減価償却，貸倒引当金など）
（2）1つの取引方法について複数の会計処理方法が認められているため，採用する方法によって利益金額が異なる

　正規の簿記の原則とは，「企業会計は，すべての取引につき，正規の簿記の原則に従って，正確な会計帳簿を作成しなければならない」とする原則である。具体的には，発生したすべての取引を事実や証拠に基づいて，継続的・組織的に記録することであり，決算日時点で現存する財産等を記録したうえで作成することは容認されていないことを示している。
　正規の簿記に従った会計書類を作成するということは，網羅性，検証可能性，秩序性を備えた会計帳簿を作成することを意味するが，これに最も適合した帳簿記録の方法が複式簿記の技術である。
　資本と利益の区別の原則とは，「資本取引と損益取引を明瞭に区別し，特に

図表6-3 株式会社による「資本と利益の区別の原則」

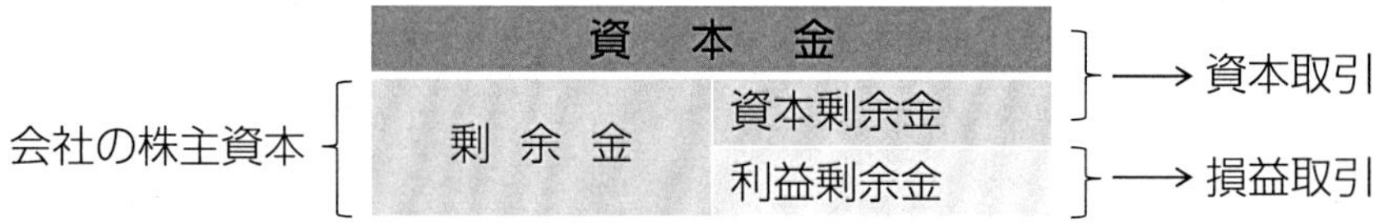

会社の株主資本 ┤ 資本金 ┐
　　　　　　　　　剰余金 ├ 資本剰余金 ┤→ 資本取引
　　　　　　　　　　　　　 利益剰余金 ┤→ 損益取引

資本剰余金と利益剰余金を混同してはならない」とする原則である。簿記上の取引には，企業が利益の獲得を目指して行う取引（仕入れた商品を販売するなど）である損益取引をまずあげることができる。そして損益取引による収益・費用の発生に基づいて当期純利益（当期純損失）が計算されるが，当期純利益は最終的には純資産の増加分（減少分）として扱われるので，間接的に企業の純資産の増加要因（減少要因）となる。

一方で，資本取引と呼ばれる取引も存在する。資本取引は，企業の純資産を直接的に変化させることを目的に行われる取引（出資者による追加出資や資本の引き出しなど）であり，企業の純資産は変化するが利益額は変化しない。

よって，会計上の利益の計算は，損益取引から生じた純資産の増加分だけに限定されるべきであり，資本取引の純資産の増加を利益に混入させてはならないことになるが，このことを要請する原則が資本と利益の区別の原則である。

また株式会社の会計の場合，この原則は，資本剰余金と利益剰余金の区別を求めるものとなり，配当などで社外に流出する部分を利益剰余金に限定することとなる（図表6-3を参照）。

明瞭性の原則とは，「企業会計は，財務諸表によって，利害関係者に対し必要な会計事実を明瞭に表示し，企業の状況に関する判断を誤らせないようにしなければならない」とする原則である。企業は，収録された情報をわかりやすく伝達し，資産や負債を流動項目や固定項目に区分したり，企業活動の種類に応じて収益と費用を分離したりする。

継続性の原則とは，「企業会計は，その処理の原則及び手続を毎期継続して適用し，みだりにこれを変更してはならない」とする原則である。1つの取引や経済的事象について複数の会計処理方法が認められており，一例として，減価償却の定額法と定率法，棚卸資産の先入先出法と移動平均法などがあげられ

る。

　なお，複数の会計処理方法が認められる理由としては，企業の業種や経済活動の実態は多様であるため，画一的な方法を強制することで会計の結果が実態をうまく描写しなくなる場合があることがあげられる。

　しかしながら，複数の会計処理方法を容認するということは，採用される会計処理方法が企業内で異なる可能性があること，企業相互に経営成績を比較する場合に障害を与える可能性があることを意味する。よって，場合によっては，会計処理方法を変えることを経営者が利益操作の手段として乱用する可能性があり，このとき，経営成績などの時系列的な比較が極めて困難となるという問題が生じる。

　そこで，「継続性の原則」では，企業がいったん採用した会計処理方法を各期間を通じて適用するよう要求することで，経営者の利益操作を防止し，財務諸表の比較可能性を確保することが求められている。

　「継続性の原則」において，会計処理方法の変更が認められる場合は，次のとおりである。

① 会計基準等の改正による変更
② 「正当な理由」に基づく変更
　（1）企業の事業内容の変化や企業内外の環境変化に対応した変更
　（2）その変更により，取引や事象の影響を財務諸表により適切に反映するために行うこと

　保守主義の原則とは，「企業の財政に不利な影響を及ぼす可能性がある場合には，これに備えて適当に健全な会計処理をしなければならない」とする原則である。企業に生じた損失は，企業自らが負担し，吸収しなければならない。そのために，各期の利益を多少とも控えめに計上して，純資産を帳簿金額よりも充実させることで将来の危険に備える必要が生じる。

　保守主義の具体的な例としては，保有中の商品の時価が低下した場合に，評価額を時価まで切り下げて評価損を計上することは認めるものの，その逆（評価益）は認めないとする低価基準などがあげられる。

なお，適度な範囲の保守主義は認められるが，例えば架空の利益を計上するなどといった過度の保守主義は「真実性の原則」に違反するために容認されない。よって「保守主義の原則」は，一般に公正妥当と認められる会計基準の範囲内でのみ是認されている。

単一性の原則とは，「株主総会提出のため，信用目的のため，租税目的のため等種々の目的のために異なる形式の財務諸表を作成する必要がある場合，それらの内容は，信頼しうる会計記録に基づいて作成されたものであって，政策の考慮のために事実の真実な表示をゆがめてはならない」とする原則である。企業は，多様な目的ごとに形式の異なる財務諸表を作成し，さらにそれぞれの財務諸表で表現したいと望む経営成績の内容が相違することがある。例えば，株主総会に提出する財務諸表は，銀行融資の獲得などの信用目的で作成する財務諸表であるが，税務申告のために作成する財務書類も存在する。その場合，企業は矛盾する要請にこたえるために，二重帳簿を作成する可能性がある。「単一性の原則」は，異なる目的であっても，その実質内容は同一でなければならず，不正は許されないとする原則である。

重要性の原則とは，当初は一般原則の1つとして記載されていたが，現在はほかの原則とは異なり正式な一般原則からは外されている。具体的な内容としては，項目の性質，金額の大小から見て重要性が乏しいものについては，厳密な会計処理や表示の方法によらず，事務上の経済性を優先させることがあげられる（簿外資産や簿外負債の容認）。

簿外資産や簿外負債が許容される例として，以下の項目をあげることができる。

（1）消耗品や消耗器具備品などの貯蔵品のうち，重要性が乏しいものは費用として処理することができる
（2）引当金のうち重要性の乏しいものは，計上しなくてもよい
（3）棚卸資産の取得原価決定に際して，本体の原価に加える付随費用のうち，重要性の乏しいものは算入しなくてもよい

③ 日本の概念フレームワーク

　企業会計の一般原則は，個々の会計ルールを体系的に理解し，会計基準の整合性や首尾一貫性を確保することを目的としている。その中でも，「真実性の原則」が最も上位の原則であり，その次に「正規の簿記の原則」が位置付けられ，他の原則がこの2つの原則を補完する形となっている。

　そして，これらの概念的な枠組みを明示したものとして，2004年に公表された「財務会計のフレームワーク」(討議資料)(以下，概念フレームワーク)が存在する。「概念フレームワーク」では，会計基準の設定として演繹的アプローチを導入している点が大きな特色であり，資産，負債，純資産，収益，費用項目を決定する際の理論的な枠組みとして公表されたものである。

　日本における「概念フレームワーク」では，「**意思決定有用性**」が最も重視されている。「意思決定有用性」では，財務会計が持つ種々の機能の中から，投資家による企業価値評価のために，企業の将来の不確実な経営成果の予測に役立つ情報を提供することが目的とされている。

　財務報告によって提供される会計情報が意思決定有用性を持つために，会計情報が備えていなければならない基本的な特性として，「概念フレームワーク」があげるのは，「**意思決定との関連性**」と「**信頼性**」の2つである。この2つは，会計情報が利用者の意思決定にとって有用か否かを直接的に判定するための最も基本的な特性である。「意思決定との関連性」とは，会計情報が投資のもたらす将来の成果の予測に関連する内容を含んでおり，投資者が企業価値の推定に基づいて行う意思決定に対して，積極的な影響を与えて貢献することを意味する。そしてそれを支える下位の概念として「情報価値の存在」と「情報ニーズの充足」が存在する。「情報価値の存在」が認められるためには，その会計情報の入手によって，投資家の予測や行動が改善される必要がある。また，情報価値の存在が認められなくても投資家の「情報ニーズの充足」のために新しく提供されようとしている新情報は，意思決定との関連性を持つものと期待することができる。

　「信頼性」とは，会計情報が表現の忠実性・検証可能性・中立性などに支えられて，信頼するに足るものであることを意味する。下位概念としての「表現の忠実性」とは，企業が直面した事実を会計データの形で表現する時に，形式

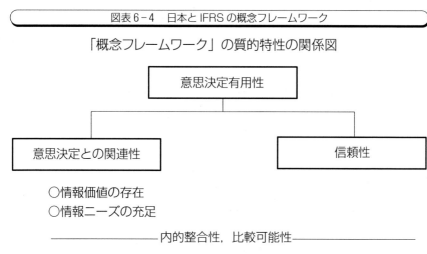

図表6-4　日本とIFRSの概念フレームワーク

出所：桜井久勝（2017）『財務会計講義（第18版）』，図表3-3を修正引用。

よりも経済的実態の描写を優先させることにより，事実と会計処理との間の明確な対応関係を維持することを指す。「検証可能性」を高めるには，会計上で必要となる見積もりに起因して生じる測定値のバラツキやノイズをできるだけ少なくすればよい。そして「中立性」は，一部の利害関係者だけに有利になるような偏りをなくすことで達成されるのである。

　ここで，「意思決定との関連性」と「信頼性」には対立関係が生じやすい。将来の利益の予測値は，投資家が求める意思決定との関連性は高いが，信頼性は低い。このような場合，すべての特性を考慮に入れて，会計情報の意思決定有用性を総合的に判断することとなる。

　一般的な制約となる特性のうち，「内的整合性」とは，ある会計情報が現存の会計基準全体の内容やそれを支える基本的な考え方と矛盾していないことを指す。新規の情報が有用であるためには，内的整合性を持つことが前提となる。「比較可能性」も，会計情報が有用であるために欠かせない前提である。会計情報が時系列比較や企業間比較を通じて役立つためには，同じ取引や事象には同じ会計処理が行われ，異なるものには異なる処理が適用されなければならないとする前提である。

　本章では，IFRSの概念的枠組みと概念フレームワークの内容についての整

理を行った後，日本の会計基準の理論的枠組みともいえる，会計公準および企業会計原則の一般原則について解説した。さらに，日本における「概念フレームワーク」（討議資料）についての解説を行った。

ところで，日本の会計基準およびIFRSを述べる際には，理論として利益観を理解することが必要不可欠である。特に，IFRSの場合は資産・負債アプローチという利益観を一貫して採用しているのに対して，日本の場合は欧米の会計制度へと統合する過程で，収益・費用アプローチの利益観を残しながらも資産・負債アプローチへの移行が行われているのが現状である。

次章では，この2つの利益観はどのようなものであり，かつ日本とIFRSの会計制度にどのような形で反映されているのかを解説していくこととする。

[復習問題]
1. IFRSの概念フレームワークと日本の会計公準で共通するものは何か考えてください。
 （ヒント：継続性）
2. 日本の企業会計原則の一般原則内にある「真実性の原則」の「真実」とは何かを考えてみてください。

📖 次に読んでほしい本

有限責任あずさ監査法人　IFRS本部編（2012）『IFRSの基盤となる概念フレームワーク入門』中央経済社。

斉藤静樹（2005）『詳解　討議資料財務会計の概念フレームワーク』中央経済社。

第7章　収益・費用アプローチと資産・負債アプローチ

> ＊学習のポイント
>
> 　利益をどのような方法で計算するのかにより，2つのアプローチが存在します。アプローチの違いを理解するとともに，アプローチによって必要とされる利益が異なることを理解しましょう。

　前章では，IFRSの概念的枠組みと，概念フレームワークの内容について整理を行った後，日本の会計基準の理論的枠組みともいえる会計公準および企業会計原則の一般原則を解説した。さらに，近年になって，日本で帰納的アプローチから演繹的アプローチを導入するに伴って策定された概念フレームワーク（討議資料）についても簡略な解説を行った。

　ところで，日本の会計基準およびIFRSを語る上では，理論として利益観を理解することが必要不可欠である。特に，IFRSの場合だと**資産・負債アプローチ**という利益観を一貫して採用しているのに対して，日本の場合だと欧米の会計制度に統合する過程で，**収益・費用アプローチ**から資産・負債アプローチへの移行が行われている。

　本章では，この2つの利益観とはいかなるものであり，日本とIFRSの会計制度にどのような形で反映されているのかを解説していくこととする。

1．「収益・費用アプローチ」と「資産・負債アプローチ」

　損益計算書や貸借対照表などの財務諸表を作成する場合，どの項目を重視するのかによって，2つのアプローチが存在する。その場合，利益や費用などの損益を重視するアプローチについては「収益・費用アプローチ」と呼ばれる。具体的には，当期にいくらの収益を計上して，いくらの利益が出るのかという

点に焦点を置くのであり，この場合，損益計算書が重視される。

1年間の利益を正確に計算する方法について，企業会計原則の損益計算書原則では，「全ての費用および収益は，・・・(中略)・・・その発生した期間に正しく割り当てられるように処理しなければならない」と規定している。その際の収益と費用の計上方法として，次の2つの方法を考えることができる。

① **現金主義会計**・・・現金収支の事実によって収益と費用を計上
② **発生主義会計**・・・「発生の事実」に基づいて収益と費用を計上（企業活動に伴う経済的価値の生成や消費を表す事実によって計上）

日本においてもIFRSにおいても，現在の会計基準は「発生主義会計」に基づいて組み立てられている。その場合，費用については「発生の事実」に基づいて計上（発生主義）しているが，収益に関しては「発生の事実」だけでなく，財貨の引き渡しとそれに伴う現金または現金同等物の受取をもって計上（実現主義）する方法が採用されている。

ここで，現金主義会計と発生主義会計の違いについて，簡単な設例をもとに解説する。

> **設例1**：商品を100,000円で現金購入した。そのうち，80,000円を100,000円で掛け売りした。

現金主義会計の場合，収益は現金収入ではなく掛け売りであるために0となる。それに対して，費用は現金で商品購入した金額である100,000円となるので，

　当期純利益 = 0 － 100,000円 = － 100,000円

と計算される。この場合，現金の収支は把握できるものの当期純利益の計算だけでは，企業がどのような活動をしたのかを理解できない。

発生主義会計の場合，収益は，商品を掛け売りしたことにより，財貨の引渡

しとそれに伴う現金または現金同等物の受取りが行われているために100,000円となる。それに対して費用は，購入した商品のうち販売で相手に引き渡したことにより「発生の事実」が生じた80,000円となる。よって，

　当期純利益＝100,000円－80,000円＝20,000円

と計算される。

　発生主義会計の場合，当期純利益の計算過程を確認することで，80,000円の商品を100,000円で掛け売りしたことによって20,000円の利益が計上された，という事実をより忠実に表現することができる。

　それに対して，企業財産の現在の価値を評価・報告することを重視するアプローチを「資産・負債アプローチ」と呼ぶ。このアプローチでは，企業財産の価値評価の厳密化を前提とするために，資産・負債の定義が非常に重要となる。

　資産の定義については，「過去の事象の結果として発生したものであり，企業が現在支配している資源でかつ，将来に経済的便益が流入するもの」とされる。また，負債の定義については「過去の事象の結果として発生したものであり，企業が現在負っている義務であり，かつ将来に経済的便益が流出するもの」とされる。そして，財務諸表の目的は，企業財産の「現在」の価値を評価・報告することに重点が置かれる。この場合，当期純利益は，

　当期純利益＝期末純資産－（期首純資産＋追加出資－引出による社外流出）

と計算される。資産・負債を重視するという点から「損益計算書」よりも「貸借対照表」が重視されるのが，このアプローチの大きな特徴である。

　「収益・費用アプローチ」と「資産・負債アプローチ」の相違点について図表にまとめると，以下の図表7－1のようになる。

　「収益・費用アプローチ」の特徴としては，①企業努力に基づく利益を重視する，②資産・負債の含み益，含み損は基本的には利益に含めない，の2つをあげることができる。他方，「資産・負債アプローチ」の特徴としては，①企

図表7-1 「収益・費用アプローチ」と「資産・負債アプローチ」

	日本基準 収益・費用アプローチ	IFRS 資産・負債アプローチ
考え方	当期の損益を表示することを重視	資産・負債を表示することを重視
財務諸表	損益計算書重視	財政状態計算書重視
利　益	当期利益を重視	包括利益を重視
利益の計算	収益と費用の差額から当期利益を算出	期首と期末の資本の差額から利益を算出

IFRS導入に伴い，当期の売上・利益の説明のみならず，保有する資産に見合う収益を将来にわたって生み出していけるのか，企業の説明責任の範囲が広がっていく可能性がある。

出所：橋本尚監修（2010）『図解雑学よくわかるIFRS』，129ページ表を修正引用。

業の財産の実態を重視する，②含み益，含み損を含めて情報を開示する（企業努力に直接関係のない資産・負債の価値の増減も利益に含まれる），の2つをあげることができる。

　日本において従来採用されていた会計基準は「収益・費用アプローチ」を前提に策定されていた。しかしながら，IFRSはその設立当初より「資産・負債アプローチ」に立脚する形での会計基準策定を行ってきた。よって，日本がIFRSへの統合を行うに当たっては，「収益・費用アプローチ」から「資産・負債アプローチ」への移行を行う必要が生じたのである。

　通常，複式簿記の原則で財務諸表を作成する場合，図表7-2のように損益計算書および貸借対照表に基づいて計算される当期純利益は同額であるという関係が成立する。損益法と財産法で計算された当期純利益は一致するということであり，さらに言い換えれば，損益計算書を通過した利益（損失）のみが，貸借対照表の純資産の増加（減少）を引き起こすということである（資本取引は除く）。現行の会計基準が「収益・費用アプローチ」から「資産・負債アプローチ」に移行した背景の1つとして，簿記の実務上で欧米型の会計処理を採用する場合に，複式簿記による貸借対照表と損益計算書の関係を満たさない状況が

図表7-2 「収益・費用アプローチ」と「資産・負債アプローチ」（2）

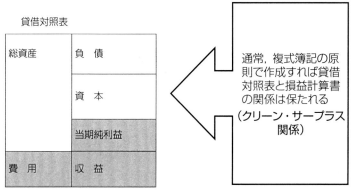

貸借対照表（B/S）と損益計算書（P/L）の関係

生じたことをあげることができる。

日本でこのような事象が起きた代表的な例としては、デリバティブ取引において生じた含み損益（ヘッジ目的に利用した場合）、持ち合い株式の評価損益、土地再評価差額金などの項目を、純資産の部に直接計上する会計処理が行われていたことがあげられる。

「資本取引・損益取引の区分の原則」に従うのであれば、当期純利益は損益取引を介して計算された金額であり、また期末純資産から期首純資産を控除した金額と同じにならなければならない。しかし、純資産の直接計上項目が存在するとすれば、これらの関係は成立しないことになってしまう。

この問題を解消すべく編み出されたのが、「当期純利益」に変わる新たな利益概念としての「**包括利益**」である。IFRSでは、この包括利益を当期純利益に代わる新たな業績指標として公表を義務付けており、当期純利益は廃止されている。なお、「収益・費用アプローチ」を採用する場合、含み益・含み損は当期の損益計算書に含まれないため、株式売却を行うことで経営者が利益を操作する可能性が生じるのであるが、「**包括利益計算書**」を採用することでその可能性を回避することができる。

損益計算書と包括利益計算書では利益計算はどのように異なるのだろうか。簡単な設例を使って解説する。

設例2：包括利益計算書作成の例

（桜井久勝（2017）『財務会計講義（第18版）』，300〜302ページの設例を修正引用）

貸借対照表（前期末）

現金 200	資本金 250
	利益剰余金 50
有価証券 120	評価差額 20

貸借対照表（当期末）

現金 300	資本金 250
	利益剰余金 100
有価証券 75	評価差額 25

前期末と当期末の貸借対照表が上記のようになっているとする。そして単純化のために，当期中の取引は次の3つのみであったと仮定する。

① 有価証券の半分を期首に時価70で売却し，現金を得た。
② 当期に売上収益180を獲得し，費用140を負担して，現金で決済した。
③ 期末に保有する有価証券の時価が75になった。

---

①から③の会計処理は以下のように示すことができる。

①	（借）現　　金	60	（貸）有価証券	60
	評価差額	10	売 却 益	10
②	（借）現　　金	180	（貸）売上収益	180
	諸 費 用	140	現　　金	140
③	（借）有価証券	15	（貸）評価差額	15

これらの資料に基づいて，まず損益計算書を作成すれば以下の通りとなる。

損益計算書

売上収益	180
売却益	10
諸費用	<u>140</u>
当期純利益	<u>50</u>

　この場合，③で計上した有価証券の時価評価差額は，損益計算書を経由せず貸借対照表の純資産に計上されることとなる。その場合，純資産は期首が320であり期末が375であることから55増加することになるが，このことを損益計算書で説明することはできない。

　同じ資料に基づいて包括利益計算書を作成すると，以下の通りとなる。

包括利益計算書

包括利益計算書		
（リサイクリングする場合）		
売上収益	180	
売却益	10	
諸費用	140	
当期純利益		50
評価差額増加額	15	
評価差額組替額	10	
その他の包括利益		5
包括利益		55

包括利益計算書の場合，売上収益，有価証券売却益，販売された商品原価に基づいて，当期純利益が50となるところまでは損益計算書と同様である。しかしながら，その後，その他有価証券の売却益10を控除した残額に，期末の値上がり分15を新たに評価差額として増額することで，その他の包括利益金額5が計上される。そして，当期純利益50とその他包括利益金額5の合計額55が包括利益金額となるのであるが，これは期末純資産から期首純資産を控除した金額と一致し，複式簿記の全体を満たすこととなる。この実現した売却益である10を評価利益の計算区分で減算し，実現した売却益として当期純利益の計算に含めることを，実現したその他の包括利益のリサイクリング組換調整という。従来の損益計算書で算定されてきた当期純利益を，包括利益の計算の途上で表示するには，このようなリサイクリングが不可欠となる。

実際の包括利益計算書の様式例としては，1計算書方式，2計算書方式の2種類がある。また，図表7-4には示されていないがIFRSは企業の事業を「継続事業」と「非継続事業」に分類する形で収益・費用の開示を要求しており，特別損益の表示も禁止している。この点において，日本の損益計算書とは異なる。

図表7-3 包括利益の2つの表示方法

2計算書方式		1計算書方式	
連結損益計算書		連結損益及び包括利益計算書	
売上高	10,000	売上高	10,000
諸費用	8,700	諸費用	8,700
少数株主損益調整前当期純利益	1,300	少数株主損益調整前当期純利益	1,300
少数株主利益	300	少数株主利益（控除）	300
当期純利益	1,000	当期純利益	1,000
連結包括利益計算書		少数株主利益（加算）	300
少数株主損益調整前当期純利益	1,300	少数株主損益調整前当期純利益	1,300
その他の包括利益：		その他の包括利益：	
その他有価証券評価差額金	530	その他有価証券評価差額金	530
繰延ヘッジ損益	300	繰延ヘッジ損益	300
為替換算調整勘定	▲180	為替換算調整勘定	▲180
退職給付にかかる調整額	100	退職給付に係る調整額	100
持分法適用会社に対する持分相当額	50	持分法適用会社に対する持ち分相当額	50
その他の包括利益合計	800	その他の包括利益合計	800
包括利益	2,100	包括利益	2,100
（内訳）		（内訳）	
親会社に係る包括利益	1,700	親会社に係る包括利益	1,700
少数株主に係る包括利益	400	少数株主持分に係る包括利益	400

日本において包括利益計算書は，2011年3月期から先行適用されている。しかしながら，経営者の間では経常利益，当期純利益を業績として用いるケースが多いため，当分の間は当期純利益も並行して開示する予定となっている。この点もIFRSと大きく異なる点であるといえる。

　以上，本章ではまず，現金主義会計と発生主義会計の違いについて解説したのち，「資産・負債アプローチ」と「収益・費用アプローチ」の違いを説明した。さらに，当期純利益に代わる「包括利益」の仕組みや当期純利益との違いについても解説した。

　第1章から第7章までは，国際会計を理解するうえで前提となる歴史的背景，日本の会計システムの概念的枠組みと法的規制，そしてIFRSの概念的枠組みや両会計基準の背景にある理論の解説であった。そこで，次章ではこれらの議論を前提として，日本とIFRSに関してどのような会計処理が行われているのか，それらの会計処理の背後にある理論的な枠組みの違いはどのようなものであるかについて解説していくこととしたい。具体的には，金融商品の会計，固定資産の減損会計，事業再編（M&A）の会計，そして収益認識の会計を取り上げることとする。

関連記事①　（日本経済新聞　2005年11月18日）

純利益の重要性認める（国際会計基準理が並列開示容認）

　「包括利益」を企業業績の最終的な利益とする制度の導入を検討していた国際会計基準で，純利益を最終利益とする現行の損益計算書も認める方針が決まった。包括利益は保有資産の含み損益の増減を純利益に加算して算出するため本業の収益力がわかりにくいと，欧州や日本の産業界が反対したのに対し，国際会計基準理事会が配慮した。

　包括利益は純利益に，長期保有株式などの評価損益の増減を加え算出する。例えば，ソニーが2005年9月中間期連結決算（米国会計基準）の注記で開示した包括利益は，1402億円と，連結純利益の212億円を大きく上回った。円安になると，過去に設立した海外子会社の資本の評価損益が大きく改善することなどが影響する。

　国際基準理は当初，損益計算書の純利益をなくし，業績を包括利益に一本化して開示する方針を掲げた。日本などは「包括利益は本業の収益力が分かりにくい」と反発。国際基準理は今回，現行の損益計算書を残し，包括利益を別に計算して，追加開示することも認めることを決めた。

　野村証券投資調査部の野村嘉浩氏は「純利益の重要性が引き続き認められる形になった」

と評価。ただ，今回は開示の様式が決まっただけで，包括利益の内容など議論は続く。現行の純利益に大きな影響を与える議論が出る可能性も残る。日本経団連の会計問題担当者は，今回の決定を歓迎しながらも「今後の議論も注視していく」と慎重だ。

日本の会計基準では包括利益の開示はないが，国際会計基準との統一化を検討しており，国際基準の動向は将来，日本基準に影響を及ぼす。産業界は包括利益の議論に警戒感を持っている。

ソニーの2005年9月中間期の連結純利益と包括利益

純利益	212億円	
未実現有価証券評価益	330億円	その他の包括利益
未実現デリバティブ評価益	7億円	
最少年金債務調整額	314億円	
外貨換算調整額	539億円	
包括利益	1,402億円	

関連記事② （日本経済新聞　2015年9月2日　わかる国際会計基準（2））

消えた営業利益―開示項目，重要性で判断。

三井物産の2015年3月期連結決算短信からひそかに消えた項目がある。営業利益だ。米国会計基準から国際会計基準（IFRS）に切り替えたのを機に，それまで慣行として続けていた営業利益の公表をやめ，最も重視する利益項目である純利益に沿った開示に改めた。

大手商社の抱える事業部門は資源，金融，インフラ，生活関連と多岐にわたり，出資をしている企業も多い。出資先から受け取る配当金や保有する株式，資源の権益などの価格が変動した場合の評価損益をまとめて反映するためには，純利益が最も適切な項目だからだ。

IFRSでは企業が「投資家にとって重要かどうか」を判断して開示する項目を決めることができる。三菱商事もIFRSに切り替えた前期から営業利益の開示をとりやめた。半面，ホンダやソフトバンクグループ，ファーストリテイリングといった営業利益を重視する企業は開示を続けている。

日本企業ではおなじみだが，IFRSでは存在しない項目として「特別損益」がある。日本基準では資源価格の急落などで保有資産の価値が大きく下がって減損処理をしたり，合理化によって工場などの売却損が出たりした場合は「特別損失」，株式売却益といった一時的な利益が出た場合は「特別利益」を計上することが認められている。

15年3月期の有価証券報告書からIFRSに変えたデンソーは，日本企業の決算短信で特別利益や特別損失を開示していた。その後，IFRSに基づく開示では項目を立てず，通常の損益として処理している。

復習問題

1. 「資産・負債アプローチ」と「収益・費用アプローチ」の違いについて,有価証券の時価評価を例にとり説明してください。
   (ヒント:包括利益,含み益,含み損)
2. あなたは,IFRSで定義されている「包括利益」と「純利益」のうちのいずれの利益の方が望ましいと考えますか。会計情報を利用する視点から,あなたなりの意見をまとめてください。

 次に読んでほしい本

斉藤静樹(2002)『会計基準の基礎概念』中央経済社。
有限責任法人あずさ監査法人編集(2011)『「包括利益」表示の実務―財務指標への影響から注記数字の作成まで』中央経済社。

第8章　金融商品の会計

> ＊学習のポイント
>
> 　有価証券とデリバティブ取引の会計処理を理解しましょう。また，会計処理の変更により，日本企業の経営慣行にどのような影響を与えるのかについて学習しましょう。

　本章では，金融商品の会計に関連して，金融商品を定めている会計基準の確認をするとともに，金融商品の定義，主な金融商品についての会計処理方法，具体的には，有価証券とデリバティブ取引を取り上げることとする。なお，デリバティブ取引については，**公正価値ヘッジ会計と繰延ヘッジ会計**についての解説を行う。

　まず，金融商品を定めている会計基準の確認について述べる。IFRSでは，図表8−1のように金融商品に関する3つの領域（認識と測定，表示，開示）をそれぞれ異なる基準で取り扱っており，これらの基準が補完し合って包括的な規定を構成している。なお現在，従来のIAS 39の規定を新基準書（IFRS 9）に

領域		適用される基準書	
認識と測定	分類と測定	IAS 39	IFRS 9（1）
	減損		IAS 39（2）
	ヘッジ		
表示		IAS 32	IAS 32
開示		IFRS 7	IFRS 7

図表8−1　金融商品を定めている会計基準

置き換えるプロジェクトが進められているところである。なお，IFRS 9については2015年1月1日以後開始事業年度より適用されているが，早期適用も可能であった。また，IAS 39については，現在進められている「減損」とヘッジのプロジェクトの完了を待ってIFRS 9に書き改められる予定である。

1．金融商品の定義

金融商品とは，一方の企業にとって金融資産を生じさせ，他方の企業にとって金融負債または持分金融商品を生じさせる契約商品のことを指す。
なお，金融資産，金融負債，持分金融商品の定義は次の通りである。

① 金融資産
（a） 現金
（b） 他の企業の持分金融商品
（c） 他の企業から現金またはその他の金融資産を受け取る契約上の権利
（d） 金融資産または金融負債を潜在的に有利な条件で他の企業と交換することができる権利
（e） 企業自身の持分金融商品で決済される可能性のある契約のうち，
・変動量の自社の持分金融商品を受領する非デリバティブ契約
・固定額の金融資産と固定数の自己の持分金融商品とを交換するもの以外のデリバティブ契約

② 金融負債
（a） 他の企業へ現金またはその他の金融資産を引き渡す契約上の義務
（b） 金融資産または金融負債を潜在的に不利な条件で交換する義務
（c） 企業自身の持分金融商品で決済される可能性のある契約のうち，
・変動量の自社の持分金融商品を引き渡す非デリバティブ契約
・固定額の金融資産と固定数の自己の持分金融商品とを交換するもの以外のデリバティブ契約

③ 持分金融商品
特定の資産から負債を控除した残余の持分を証するすべての契約

金融商品取引の中における代表的なものとして，デリバティブ取引をあげることができる。デリバティブ取引とは，金融商品取引のうち，次の3つの特徴をすべて持つものとして定義される。
（a）その価値が特定の基礎数値（金利，金融商品価格，為替レートなど）の変動により変動する
（b）初期純投資をまったく有しないか，市場要因に対して同様の反応を見せる他の種類の契約に対して小さな初期純投資のみを必要とする
（c）将来の一定の日において決済される（先物契約，オプション契約，スワップ契約など）

ところで，IFRS 9では，主に金融商品の中でも特定の金融資産の会計処理について規定されており，金融負債については IAS 32で表示に関しての規定がなされているにとどめられている。よって以降では，金融資産（有価証券およびデリバティブ取引）を中心として解説を行っていく。

2．金融資産の分類

金融資産の分類としては，主に以下の4種類に区分することができる。

（a）償却原価で測定する金融資産
（b）公正価値で測定する金融資産
　　（i）純損益を通じて公正価値で測定する金融資産
　　（ii）その他の包括利益を通じて公正価値で測定する金融資産

金融資産として代表的なものとして，有価証券があげられるが，有価証券については以下の3つに分類することができる。

① 株式や新株予約権証書などの持分証券
② 国債・地方債・社債などの負債性証券
③ 証券投資信託や貸付信託などの受益証券

ここで，有価証券と上に掲げた金融資産の分類方法との関連について詳細な解説を行う。有価証券について会計処理を行う際に，最も問題となるのが期末時点でどのような評価を行うかについてである。これについては，主に取得原価主義で会計処理を行う場合と，時価主義で会計処理を行う場合の2種類を考えることができる。

まず，取得原価主義を採用した場合について，簡単な設例を使って説明する。

（1）1,000万円で購入した株式の値段が5倍（5,000万円）に上昇

購入時（単位：万円）
　（借）売買目的有価証券　　1,000　（貸）現　　金　　1,000
期末時　　　仕訳なし

（2）1,000万円で購入した株式の値段が10分の1（100万円）に下落

購入時（単位：万円）
　（借）売買目的有価証券　　1,000　（貸）現　　金　　1,000
期末時　　　仕訳なし

この場合，（1）のケースでは，1,000万円で購入した株式の値段が5,000万円まで上昇している。他方，（2）のケースでは，1,000万円で購入した株式の値段が100万円まで下落している。言い換えれば（1）の場合，期末の時点でこの会社は4,000万円得をしており，（2）の場合，この会社は900万円損をしている。しかし取得原価主義を採用している場合，これらの損益は表面化せず，含み益，含み損が生じている状況となっている（図表8-2を参照）。

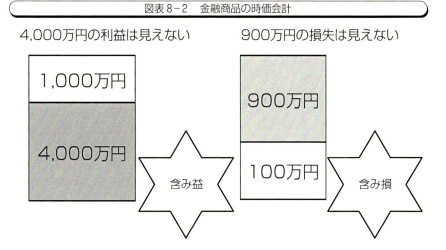

図表8-2　金融商品の時価会計

　日本では，2001年3月期決算まで，有価証券については取得原価主義が採用されていた。その理由としては，購入時に支払った金額で資産として計上されるので，客観性の高い金額であること，また売却までは損益計算書に収益や費用が計上されないのだが，このことが収益の認識基準である「実現主義」と一致していたことをあげることができる。

　日本的経営の特徴として取り上げられてきたものの1つとして，「**含み益経営**」という経営慣行があげられる。一例として，代表的な日本的経営慣行の1つとして知られている持ち合い株式について考えてみる。

　持ち合い株式とは，企業が取引先との関係を強化するために保有している株式のことである。日本では，得意先や取引先同士で発行済み株式数の1％から2％程度を保有しあうことで，お互いの経営をコントロールしたり，自身にとって有利な取引を進める上でのツールとして利用することが慣行として行われてきた。

　持ち合い株式の場合，仮に企業業績が悪化して，損益計算書上で損失が計上される可能性が生じたとき，**持ち合い株式**を期末時点において一時的に売却することで，当期純利益の金額を調整した上で，翌期首に再度買い戻すという選択肢が存在した。

> **設例**：3月31日決算の段階で当期純利益の金額が思わしくないことから，保有している持ち合い株式（帳簿価額100万円）を150万円で売却した（単位：万円）。

（借）現　　　　金　　　150　　　（貸）その他有価証券　　100
　　　　　　　　　　　　　　　　　　　有価証券売却益　　　 50

> 4月1日に売却した株式を再度買い戻した

（借）その他有価証券　　150　　　（貸）現　　　　金　　　150

　このような方法によって含み益を表面化させることで，損益計算書の数値を改善させるという手法の背景には，日本の持ち合い株式制度が戦前より行われていたが，当時は額面制度が残っていたために，現在の価格と比較して低い金額が貸借対照表に計上されているという事実が存在する。

　なお上で示した設例のような取引のことを，クロス取引と呼ぶ。日本企業の場合，クロス取引を用いることで損益計算書上の金額を調整する手法が存在していたといえ，欧米から「含み益経営」と呼ばれ，利益操作の余地がある，透明性に欠けるなどの批判があがった。このような批判を受けて，2000年9月以降，クロス取引は証券取引法（現在の金融商品取引法）により禁止された。

　なお欧米においては，株式等の有価証券について一貫して時価主義会計が適用されている。そして時価主義会計の場合，前述した設例の取引は以下のように会計処理される。

①のケース
期末時の仕訳（単位：万円）
　（借）売買目的有価証券　　4,000　　　（貸）有価証券評価益　　4,000
②のケース
期末時の仕訳（単位：万円）
　（借）有価証券評価損　　　 900　　　（貸）売買目的有価証券　　900

上記からも明らかなように，時価主義会計を採用することで，期末時点の時価で有価証券は評価されることになり，含み益，含み損は損益計算書上の損益として顕在化することになる。

かつて日本では有価証券について，取得原価主義会計を採用していたが，1990年代に起こった会計ビッグバン（時価会計，連結会計の導入），IFRS導入の外圧により会計処理の変更を余儀なくされた。

また，日本の会計基準に基づいた会計処理で作成された財務諸表を公表した場合の，監査のレジェンド問題も表面化した。**レジェンド問題**とは，日本企業が財務諸表を公表した場合，海外投資家向けにはこの財務諸表は日本独自の基準で作成されたものであるという監査意見書が付記されることによって，資金調達に影響が生じた問題を指す。

このような日本特有の取得原価主義会計，そして「含み益経営」に対する欧米からの批判に対応する意味，そして海外からの資金調達を円滑に進めるため，日本でも2001年3月期決算から時価会計を導入することとなった。しかしながら，導入に当たっては，期末にすべての損益を収益費用として計上する方法ではなく，保有目的別に会計処理を分類する方法が採用された。なおその具体的な分類は以下のとおりである。

① 時価変動による利益獲得を目的に保有する市場性のある株式（売買目的有価証券）
② 満期まで所有する意図で保有する社債等の債券（満期保有目的債券）
③ **子会社株式・関連会社株式**
④ 上記以外の有価証券で市場性のあるもの（その他有価証券）

売買目的有価証券とは，短期的な保有を目的として，市場価格の変動によって利益を得るために投機目的で保有される有価証券のことを指す。この場合，欧米の時価会計処理と同様に，期末に時価で評価した上で損益計算書に計上し，その評価損益を当期純利益に含める会計処理がとられることとなる。

満期保有目的債券とは，社債や国債などのように5年，10年など発行期間から満期まで定められた期間，保有することがあらかじめ決まっており，満期ま

で保有することを目的として所有される債券のことを指す。この場合，社債や国債は額面金額よりも低い金額で発行されるケースが多いことから，保有期間にわたり，発行金額と額面金額との差額を定額的に計上していく償却原価法が採用される。

設例：償還期間5年，額面金額2,000,000円の社債を1,800,000円で期首に発行した場合（ただし社債利息の話は捨象する）

5年後に償還
 額面金額　　　　2,000,000円
 発行金額　　　　1,800,000円
 　　　　　　　　 200,000円

・発行時の仕訳
　（借）満期保有目的債券　1,800,000　　（貸）現　金　1,800,000

・期末時の仕訳
　（借）満期保有目的債券　　40,000　　（貸）有価証券利息　40,000
　　　　　　　　　　　　　　　　　　　　　　　（収益）

　200,000円÷5年＝40,000円

　子会社株式・関連会社株式とは，グループ企業の場合において，親会社が子会社の株式あるいは関連会社（20％以上50％未満の議決権のある株式）の株式を保有している場合を指す。この場合，有価証券の目的は，余剰資金の運用よりもむしろ事業目的の保有であるので，売却は意図になく時価評価をする必要はないと考えられる。それゆえ，取得時の金額で記載されることとなる。

　その他有価証券とは，具体的には前述の持ち合い株式のことを指す。この場合，期末時に時価評価するものの，その評価損益を当期純利益には含めずに純資産の部に計上する会計処理が行われる。なお IFRS の場合は，包括利益の一項目となる。

> 設例：持ち合い株式として500円で取得したX社の株式が，期末時に800円に値上がりした。

取得時
　（借）その他有価証券　　500　　　（貸）現　　　　金　　500
期末時
　（借）その他有価証券　　300　　　（貸）株式評価差額　　300
　　　　　　　　　　　　　　　（純資産の部あるいは包括利益の一項目）

　保有目的別分類の期末評価は，その有価証券が保有される目的に応じた形での会計処理方法の採用を意味しているのだが，大きな論点が存在する。それは，保有目的はあくまでも経営者の判断に過ぎないことから，経営者の判断に応じて保有目的を変更することが可能である点である。具体的には，期間ごとに恣意的に保有目的を変更して当期純利益の金額を操作することが可能であり，実際に2007年のリーマン・ショックの際には，売買目的有価証券として保有した債券を一時的に満期保有目的債券へと変更することで，損失の計上を回避するといった事例も生じた。
　IFRSでは，目的適合性と投資家に対する情報の比較可能性を重視する立場から，包括利益の概念を含め，すべての株式を時価評価した上で評価損益を利益に含める可能性を検討している。この場合，事業目的で保有している子会社，関連会社株式，持ち合い株式についてもすべて時価評価され，損益が利益計上されることとなる。
　日本でも，有価証券の時価評価が導入される前後から，持ち合い株式の解消を行うケースが相次いでおり，持ち合い株式比率は低下する傾向にある。国際化による会計処理方法の変更が，日本企業の経営慣行にどのような影響を与えるのか，興味深く観察する必要があるといえる。

3．デリバティブ取引とヘッジ会計

　デリバティブ取引の目的としては，主に短期的保有によって利益を稼ぐ投機

目的と，有価証券の市場価格の低下および預金や借入金などの利子率の変動による金利リスクや外国為替相場の変動による為替リスクの回避をするためのヘッジ目的の2つがあげられる。

近年，デリバティブ取引によって企業が多額の損失を計上した事例を目にする機会が少なくないこともあり，デリバティブ取引は非常に怖い取引であるとの印象を持たれがちである。しかしデリバティブ取引の本来の目的は，リスクヘッジにある場合が多い。

例として，パン屋がパンを作るために小麦を仕入れることを考えてみよう。海外から小麦を輸入する場合，小麦の仕入金額はその時点の為替レートの変動に大きく左右される。例えば，1ドル100円の時に10,000ドル分の小麦を購入したとする。支払いがひと月後だとして，ひと月後の為替レートが1ドル120円に変動したとする。このとき，この小麦の仕入れに対して，パン屋は10,000ドル×（120円－100円）＝200,000円だけ多く支払わなければならないこととなる。

仮に，小麦の仕入取引を行うと同時に，ひと月後に1ドル110円でドルを購入する先物取引契約を結んだとする。この場合，ひと月後に1ドル110円でドルを購入したのち，そのドルを小麦の支払いに充当することができる。これにより，小麦の仕入金額は，仕入れた時点で10,000ドル×110円＝1,100,000円に確定することとなる。為替レートが変動したとしてもこの金額は不変であるために，パン屋としては確定した支払い金額をもとに他の取引の予算や経営計画を立てることが可能となり，為替レートの変動に一喜一憂する必要がなくなるのである。

なお実際の取引の場合，もう少し複雑な会計処理を行うこととなる。これについて，以下の国債と国債先物を使った設例で説明することとする。

> 設例:
> ① X社は額面100円につき時価106円で計上している額面1億円の国債（売買目的有価証券）を近いうちに売却する予定であるが，実際に売却するまでに値下がりする恐れがあるので，国債先物1億円を単価130円で売り建てて，委託証拠金として現金300万円を差し入れた。
> ② 決算日に保有国債の単価が101円に下落したが，先物価格も126円に低下した。

①の契約時点

（借）売建債券先物未収金　130,000,000　（貸）売建債券先物　130,000,000
　　　　（資産）　　　　　　　　　　　　　　　　（負債）

130円×100,000,000円÷100円

（借）差　入　証　拠　金　　3,000,000　（貸）現　　　　金　　3,000,000

①の契約時点において実際に行われるのは，額面1億円の国債先物を130円で売る契約を結び，そのための差入証拠金300万円を支払うことである。現金を支払ったという事実についての会計処理を行うとともに，この時点で売却契約をした国債先物の代金回収の権利（売建債券先物未収金という資産），および将来，国債を引き渡すべき債務（売建債券先物という負債）を計上する必要も生じる。これらは契約時点では同額であり，備忘記録の形で計上される。なお売建債券先物未収金の金額は確定しているのに対し，売建債券先物の金額はその後の先物価格の変動によって変動することとなる。

②の仕訳（決算日）

（借）有価証券評価損　5,000,000　（貸）売買目的有価証券　5,000,000
　　　（106円－101円）×1,000,000口
（借）売建債券先物　4,000,000　（貸）先　物　利　益　4,000,000
　　　（130円－126円）×1,000,000口

決算日の時点では，時価が変動している。具体的には，126円の国債を130円

で売ることができることにより，国債先物としては利益が出ているが，保有している国債としては単価が106円から101円に下落しているので，評価損が生じている。そしてこの場合，両者の評価損益は当期純利益に計上され，その損益は相殺される。このように保有している国債や商品などの価格変動を抑えるために先物取引を用いる取引のことを，**ヘッジ取引**と呼ぶ。

上の設例は，国債と国債先物の損益が同時に損益計算書に計上される場合の取引であった。しかしながら，実際にヘッジを行うに当たっては，相場変動による損失の可能性を回避しようとする対象項目（ヘッジ対象）と，そのために用いられるデリバティブなど（ヘッジ手段）の損益の計上時点が一致しないケースも存在する。その場合，人為的な形で両者の損益を同一の会計期間に計上させる必要が生じる。この場合の会計処理をヘッジ会計と呼ぶ。

ヘッジ会計の具体的な方法としては，以下の2つの方法をあげることができる。

① 繰延ヘッジ会計
　デリバティブの損益を，次の会計期間に繰り延べる会計手法
② 時価ヘッジ会計
　ヘッジ対象の損益を，その期間の会計損益として計上する会計手法

以降において，設例を用いることで上記2種類のヘッジ会計について解説を行うこととする。

設例：
① X社は，得意先企業の社債を9,600万円で取得し，「その他有価証券」として保有しているが，時価の下落に備えて国債先物1億円を額面100円当たり単位130円で売り建てて，委託証拠金として現金300万円を差し入れた。
② 決算日に社債の時価が9,150万円に下落したが，先物価格も単価が126円に低下した。なお当社は，その他有価証券の時価評価差額をすべて純資産の部に計上する方法を採用している。

①の仕訳
（借）売建債券先物未収金　130,000,000　（貸）売 建 債 券 先 物　130,000,000
（借）差 入 証 拠 金　3,000,000　（貸）現　　　　　　金　3,000,000

②の仕訳
・繰延ヘッジ会計の場合
（借）有価証券評価差額　4,500,000　（貸）投 資 有 価 証 券　4,500,000
　　　（純資産の部）
　9,600万円－9,150万円＝4,500,000円
（借）売 建 債 券 先 物　4,000,000　（貸）繰 延 先 物 利 益　4,000,000
　　　　　　　　　　　　　　　　　　　　　（純資産の部）
　（130円－126円）×1,000,000口＝4,000,000円

②の仕訳
・時価ヘッジ会計の場合
（借）有価証券評価損　4,500,000　（貸）投 資 有 価 証 券　4,500,000
　　　（損益計算書）
（借）売 建 債 券 先 物　4,000,000　（貸）先 物 利 益　4,000,000
　　　　　　　　　　　　　　　　　　　　　（損益計算書）

　繰延ヘッジ会計では，先物利益が負債として繰り延べられるのに対して，時価ヘッジ会計では，有価証券の時価評価差額が損益として計上される。どちらの場合も，いずれかの正規の会計処理方法を「曲げて」損益時期を合わせる点では同じである。
　IFRSでは，「包括利益」概念ですべての金融商品の時価差額を損益として計上することを視野に入れている。そしてこの場合，ヘッジ会計を行う必要性がなくなる。
　デリバティブ取引自体は，1980年代に入って登場した取引であったが，当時は契約締結時点に委託証拠金を支払った事実を会計処理するのみであり，取引そのものは決済が行われる時点まで仕訳として計上されなかった。しかしなが

ら，デリバティブ取引は少額の証拠金で多額の取引が可能になるため，決済前の時点で多額の評価損が発生していたとしても，その事実を反映することができず，評価損が明るみになった時点では，企業の存続そのものが不可能な状況となっているケースも発生した。そのために，設例のような会計処理を行うことで，決済時点前であってもデリバティブ取引の評価損益を財務諸表上に表すことが必要視されたのである。

　本章では，金融商品の定義を確認した上で，取得原価主義と時価評価についての解説を行った。また，有価証券の期末評価（保有目的別分類）についての確認を行った上で，デリバティブ取引の期末評価（具体的な会計処理およびヘッジ会計について）の解説を行った。そこで，次章では固定資産の減損会計について論じることとする。

関連記事①　（日本経済新聞　2010年6月19日　揺れる時価会計（下））

適用巡り，日本企業に戸惑い

　「国際会計基準（IFRS）と米国基準のどちらに対応したらよいのか」——。米財務会計基準審議会（FASB）が公表した時価会計の改定案を巡り，米基準を採用する日本企業の間に戸惑いが広がっている。導入時期が不透明な上「損益への影響がかなり大きい」（三井物産の岡田譲治常務執行役員）ためだ。

　米改定案では保有株の時価変動はすべて純利益に計上する。国際基準のように持ち合い株を純利益に反映させずに済む例外措置はない。原則，預金や貸付債権など国際基準では対象としていないものも時価評価するため，システム対応などで米基準採用のメガバンクへの影響も大きいとみられる。

　日本では早ければ2015年にも上場企業に国際基準を強制適用する見込み。一方，米改定案は13年にも米国で義務づけられるとの声もある。この通りなら，米基準採用企業は「会計基準を2度変更するようなもの」（大手商社）。かといって，国際基準の導入には準備もかかり「計画の前倒しはかなり厳しい」（三井物の岡田常務）という。

　2つの基準の違いを受けて，国際基準作りで発言力を増しつつある日本も動き出した。

　企業会計基準委員会（ASBJ）は米財務会計審に対し，保有株すべての時価変動を損益計上するのは適切ではないとする意見書を送る方向で準備に入った。国際会計基準審議会（IASB）に対しても，焦点の1つとなっている貸付債権などの損失処理方法に関して，修正を求める方針だ。

　金融危機では，銀行などの損失認識の遅れが危機拡大を招いたとの指摘を受けた。国際会計審は将来の損失を見越して前倒し処理する新ルール案を公表したが，「実務上は計算が難

しい」(新日本監査法人)との指摘が多い。「考え方は正しいが,手間の割に効果があるのか」(メガバンク)との意見も出ている。

　会計基準委ではこうした声を反映した意見書を作成する方針。日本や米国の現行ルールを一部反映した折衷案を国際会計審に提示する考えだ。

　時価会計の共通化作業は,2つの会計審がそれぞれ新ルールを提案し,関係者の幅広い意見を聞いたうえで擦り合わせる手順だ。日本が議論の主導権を握るわけではないが,共通化作業で「日本が影響力を発揮できる道はある」とみる関係者は増えている。

　実際,国際基準作りを巡る日本の存在感は着実に増している。5年近い日本の訴えに配慮し,昨年秋に公表した国際基準では持ち合い株式の時価変動を純利益に影響させない例外処理が盛り込まれた。今年5月には運営を支える評議会(トラスティー)の副議長に藤沼亜紀・元国際会計士連盟会長が日本人として初めて選ばれた。

　時価会計を巡る欧米間の溝が広がるにつれ,多極化した意見をまとめるのは難しくなりつつある。会計基準の統一は「国境を越えた企業比較を容易にして投資家のポートフォリオの変革を促す」(フォルティス・アセットマネジメントの山本平社長)効果も大きい。日本の果たす役割が改めて問われている。

関連記事② (日本経済新聞　2010年6月9日)

日本郵船持ち合い株300億円売却　三菱グループなど船舶投資に活用

　日本郵船は保有する上場企業の株式を来年3月末までに約300億円売却する方針だ。対象は三菱グループの持ち合い株が中心。価格変動リスクのある株式を減らし財務の安定性を高める。売却資金は船舶への投資資金に充当する。三菱グループではキリンホールディングスが持ち合い株を一部売却するなど,持ち合い解消の動きが出ている。

　郵船が保有する上場株式は3月末時点で約1800億円。自動車や金融・保険など二百十数銘柄に上る。三菱UFJファイナンシャル・グループや三菱重工業などの持ち合い株式の他,取引先企業の株式についても売却を検討する。

　すでに2010年3月期は持ち合い株式を中心に281億円を売却,有利子負債の返済などに充てた。昨年12月に1000億円強の増資に踏み切り手元資金は潤沢だが,今後3年間で140隻(総額8000億円規模)の船舶投資を予定している。株式を圧縮して新規の借入金を抑える。

　すでに複数の企業と持ち合いの解消で基本合意したもよう。株式相場への影響を抑えるために小口に分けて段階的に売却を進める方針。国際会計基準に対応する狙いもある。毎期の利益に持ち合い株の時価を反映させる「包括利益」が導入されると,本業が好調でも株価の変動で業績が振れる懸念が出てくるためだ。

関連記事③ (日本経済新聞　2010年11月26日)

持ち合い株式比率過去最低の6.5%　09年度,大和総研調べ

　大和総研が25日発表した上場企業による株式持ち合いの状況調査によると,市場全体に対

する持ち合い株式の比率（金額ベース）は2009年度は6.5%と，08年度から1.7ポイント低下した。04年度の7.9%を下回り，比較できる1991年度以降で過去最低の水準になった。

東証，大証，名証，ジャスダックの4市場に上場する3664社を対象に調査した。持ち合い比率の低下は2年連続。低下幅が0.3ポイントだった08年度に比べ，持ち合い解消が加速した。株式保有状況の開示業務の拡大や，有価証券の時価評価を重視する国際会計基準（IFRS）の導入議論などが一因とみられる。

業態別では銀行，事業会社とも持ち合い比率が低下した。伊藤正晴主任研究員は「説明責任の高まりなどで株式持ち合いのメリットは低下しており，解消の動きは続くだろう」と分析している。

復習問題

1．あなたは，有価証券の時価評価について，保有目的別分類と全面時価評価のいずれの会計処理が望ましいと思いますか。会計情報を利用する立場であなたの意見をまとめてみてください。
2．有価証券の時価評価に伴い，日本で「持ち合い株式」の比率が低下するなど経営意識への変化が起こっています。同じように会計制度の変更により日本企業の行動が変化した事例を自分で探して，何が変化したのか調べてください。
（ヒント：コピー機，パソコンなどのリース取引について）

📖 次に読んでほしい本

中島康晴（2009）『時価・減損会計の知識＜第2版＞』（日経文庫）日本経済新聞出版社。
小宮山賢（2015）『金融商品会計の基礎』税務経理協会。

第9章　固定資産の減損会計

> **＊学習のポイント**
> 　東芝の不正会計の原因となった「減損会計」とは，何が問題だったのかを考えてみましょう。

　本章では，固定資産の**減損会計**についての解説を行う。具体的には，有形固定資産とは何かについて，定義の確認，減損会計の定義，減損会計の手順，欧米の減損会計基準と日本の会計基準，減損会計の問題点について論じることとする。

1．有形固定資産の減損

　有形固定資産とは，土地，建物，機械，構築物（アーケードなど）といった企業の事業用に用いられる資産（固定資産）であり，それらを利用することで収益を獲得することができる資産のことである。
　製品，商品などの資産と異なる点は，それを売ることで収益につながるのではなく，それを利用することが収益を生み出し，資産の価値につながるという点である。言い換えれば，自社の土地と工場で製品を製造，販売して会社に収益をもたらすことが有形固定資産の価値につながる。
　有形固定資産の**減損**とは，土地を購入して工場や店舗を建てて営業しているものの，期待した利益が出ない，土地の値段が大幅に下落するなど，資産の収益性が低下して投資額を回収する見込みが立たなくなった状況のことを指す。この場合，資産の帳簿価額を回収可能な金額にまで減額する必要が生じる。
　減損会計とは，**収益性**が低下して投資額を回収する見込みのなくなった資産の帳簿価額を，回収可能な額まで減額する会計処理のことを指す。単純な例と

図表9-1　有形固定資産の減損会計（1）

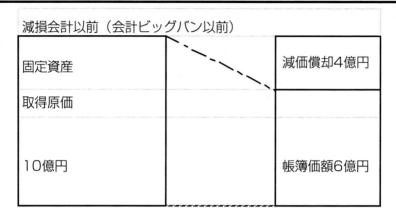

出所：橋本尚監修（2010）『図解雑学よくわかるIFRS』，58～59ページ設例と図を引用。

図表9-2　有形固定資産の減損会計（2）

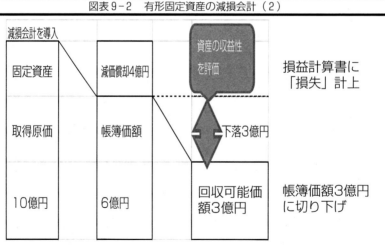

出所：橋本尚監修（2010）『図解雑学よくわかるIFRS』，58～59ページ設例と図を引用。

して，取得原価が10億円の固定資産を考えてみる。有形固定資産の場合は，毎年減価償却を行う必要が生じるが，減価償却費が4億円であったとする。このときにおける帳簿価格は，図表9-1に示すように6億円となる。

ここで，有形固定資産の評価に減損会計が導入された場合を考えてみる。減

価償却は4億円なのだが、その有形固定資産を使って営業活動を行うことにより回収することができる資金額は3億円であるとする。取得原価から減価償却を差し引いた金額は6億円であるものの、このままでは3億円を回収することは不可能である。この場合、資産の収益性を計算した上で、3億円分を損益計算書に損失として計上することになり、最終的には回収可能額である3億円が帳簿価額として計上される（図表9-2を参照）。

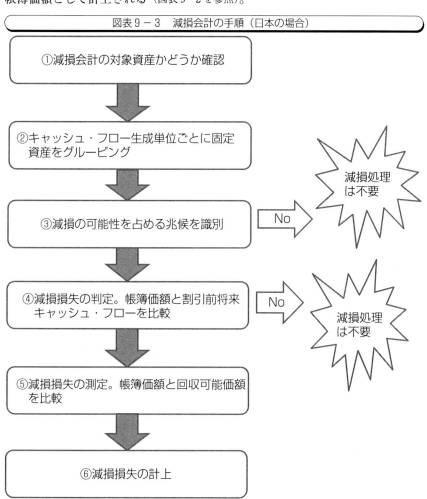

図表9-3　減損会計の手順（日本の場合）

①減損会計の対象資産かどうか確認

②キャッシュ・フロー生成単位ごとに固定資産をグルーピング

③減損の可能性を占める兆候を識別　No → 減損処理は不要

④減損損失の判定。帳簿価額と割引前将来キャッシュ・フローを比較　No → 減損処理は不要

⑤減損損失の測定。帳簿価額と回収可能価額を比較

⑥減損損失の計上

出所：橋本尚監修（2010）『図解雑学よくわかるIFRS』、59ページの図を修正引用。

有形固定資産の減損を認識して計上するためにはいくつかのステップが存在するが，日本の場合と IFRS の場合では，若干ではあるが帳簿価額と比較する項目が変わってくる。日本の場合における減損会計の手順は，図表9-3のとおりである。

　減損会計の手順としては，該当資産が減損会計の対象資産であるかどうかを確認することからスタートする。減損会計の対象資産であると確認された場合，次のステップとして**キャッシュ・フロー生成単位**ごとに固定資産をグルーピングすることが行われる。

　グルーピングの基本となる単位は個別企業であるが，個別資産ごとの適用が不可能な場合には，資金生成単位 (cash generating unit) と呼ばれる資産グループごとに適用される。ここで，キャッシュ・フロー生成単位は，他の資産または資産グループから概ね独立したキャッシュ・インフローを生成する最小の資産グループのことを指す。例として，全国でチェーン展開している小売業で，店舗別の採算管理がされている場合を考えると，それぞれの店舗が各グループとされる。電気通信事業のように，全国の電話網やブロードバンドが一体となってキャッシュ・インフローを生成している場合は，同一規格の電話網およびサービスを一体とする。例えば，地域ごとに電話網が分かれている場合は，各地域によって電話網をグルーピングする作業が行われる。

　グルーピングが終わった段階で，減損の可能性を占める兆候の識別が行われる。この場合，減損の兆候の識別は大きく外部情報と内部情報に分類される。

　外部情報の例としては，資産の市場価格の著しい下落，技術，市場，経済および法的環境の著しい変化，市場金利等の上昇，株式会社における時価総額が企業の簿価純資産を下回る状態などを挙げることができる。それに対して，内部情報の例としては，資産の陳腐化および物理的損害，資産の使用状態または使用予定の著しい変化，資産からの経済的効果が予想を下回っている，または将来的に落ち込むであろうという内部報告情報などをあげることができる。

　外部情報および内部情報から鑑みて，減損の兆候が識別された場合，**減損テスト**が実施される。減損損失の測定に際しては，帳簿価額と回収可能価額の比較を行う。ここで回収可能価額とは，

① 売却による回収額としての**正味実現可能価額**（売却時価から処分費用見込み額を控除した金額）
② 継続使用することを前提として，資産（または資金生成単位）から生じる見積将来キャッシュ・フローの純額の割引現在価値（使用価値）

のうち，大きい方の金額を選択する。

②の使用価値算定の際の**見積将来キャッシュ・フロー**については，一般的には資産を残存耐用年数にわたって継続使用することによる収入，その使用により必然的に生じる支出，および耐用年数経過後の資産処分による純収支の見積額が用いられる。通常，最長5年までは経営者によって承認された財務予算等に基づく予測値を使用するのが一般的である。また，ここで割引率とは将来価値を現在価値に換算する際に用いる利率のことであり，将来の金額が現在いくらになるかという時間価値に資産固有のリスクを反映した利率のことを指す（一般的に国債などの場合，資産固有のリスクはほぼゼロと考えられるが，株式などのように企業が倒産するリスクを持っている場合は固有のリスクがあると考える）。詳細については次の設例で解説することとする。

> **設例**：X社の資金生成単位を構成するA事業は，法令の改正により3年後にその製品の需要が見込めなくなることが判明した。当該事象は減損の兆候となるため，A事業において減損テストを実施する。A事業を構成する資産グループの簿価は7,800万円であり，現時点の公正価値は6,100万円，その売却費用は350万円と見積もられる。
> 　また，A事業から予想される見積将来キャッシュ・フロー（割引前）は図表9-4の通りである（割引率は5％）。

ここで，減損テストの実施を行う。実施に当たっては，まず回収可能価額の算定を行うのであるが，具体的には次の方法で算定される。

（a）回収可能価額の測定

図表9-4　設例の見積将来キャッシュ・フロー（企業の予想数値）

(単位：万円)

	1年目	2年目	3年目
①見積営業利益	5,300	2,300	−5,600
②見積減価償却費	1,200	1,200	780
③資産処分によるキャッシュ・フロー			820
④正味キャッシュ・フロー（①+②+③）	6,500	3,500	−4,000

（ⅰ）売却費用控除後の公正価値：5,750

　6,100（公正価値）−350（売却費用）＝5,750

（ⅱ）使用価値：5,910（次の表を参照）

図表9-5　設例における使用価値の計算

(単位：万円)

	1年目	2年目	3年目	合計
①正味キャッシュ・フロー	6,500	3,500	−4,000	6,000
②原価係数（＝1/(1.05)^t）	0.95238	0.90703	0.86384	
③現在価値（＝①×②）	6,190	3,175	−3,455	5,910

　算定の結果（ⅰ）＜（ⅱ）となっていることから，回収可能価額としては大きい方の5,910が採用される。そして結果として，減損損失額の計算は帳簿価額＞回収可能価額となり，1,890（＝7,800−5,910）を減損損失として認識することになる。

　なおこの減損会計の会計基準は，IASB，米国，日本によって微妙に異なっ

図表9-6　有形固定資産の減損会計（IFRSモデル）

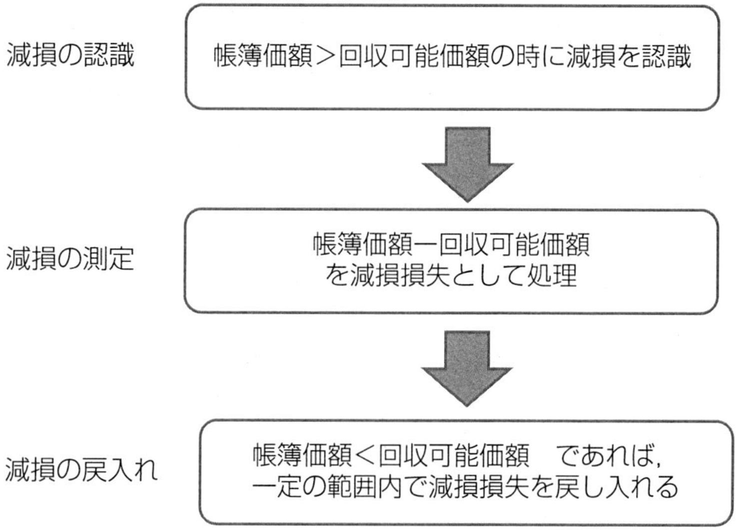

- 減損の認識：帳簿価額＞回収可能価額の時に減損を認識
- 減損の測定：帳簿価額－回収可能価額を減損損失として処理
- 減損の戻入れ：帳簿価額＜回収可能価額　であれば，一定の範囲内で減損損失を戻し入れる

図表9-7　有形固定資産の減損会計（米国モデル）

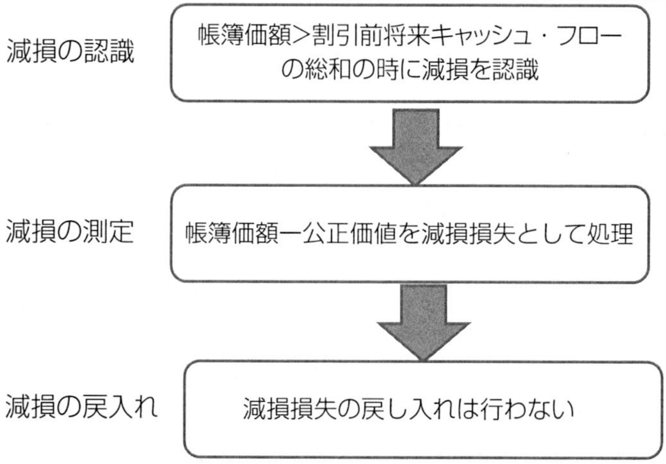

- 減損の認識：帳簿価額＞割引前将来キャッシュ・フローの総和の時に減損を認識
- 減損の測定：帳簿価額－公正価値を減損損失として処理
- 減損の戻入れ：減損損失の戻し入れは行わない

ている。図表9-3のプロセスは同様であるが，減損損失の戻し入れに関して，米国および日本では行われないのに対し，IASBでは一定の範囲内での減損損失の戻し入れが容認されている。図表9-6および9-7は，IFRSおよ

び，米国での減損会計の手順を示したものである。

なお IFRS において，減損損失の戻し入れを行う理由として，次の2つをあげることができる。

① IFRS は減損損失を資産からの経済的便益の見積もりの減少によるものとし，その経済的便益の見積もりに変更があった場合には，見積もりの変更として以前の減損損失を戻し入れると考えるため
② 資産の経済的便益の見積り回復が識別されているならば，それを財務諸表に反映し，財務諸表利用者に示すことがより有用であると考えるため

減損会計の適用については，日本においては2004年3月期から任意適用が開始され，2006年3月期から強制適用となった。その際，該当有形固定資産が市場価格から5割程度下落した場合も減損として含まれることとなった。

減損の多い業種としては，建設業，小売業，卸売業，輸送機器関連などといった，工場，店舗などの有形固定資産を多く保有している業種があげられる。

2．減損会計の問題点

以上において，有形固定資産の減損会計についての解説を行ってきた。減損会計は，日本においてすでに実施されている会計制度であるが，いくつかの問題点や論点を含んでいる。

論点の1つめは，回収可能価額算定における使用価値の適用である。先に示した設例からも明らかなように，算定の際，見積りのキャッシュ・フロー金額が含まれる。そしてこのことは，経営者の見積もり裁量が含まれてくることを意味している。言い換えれば，その数値には経営者の判断が含まれており，よって本当に客観的な数値なのかという問題点が生じる。

また，使用価値を算定するに当たり使用する利子率の問題も存在する。どの利子率を選択するのかは，経営者の裁量に任されているため非常に主観的な数

値であり，信頼性，企業間の比較可能性が保たれているのかどうかという問題点が生じる。

さらに，IFRSでは減損会計の戻し入れを認めている。この場合，いつの時点でいくらの金額を戻し入れるのかについても，主観的な問題が含まれてくることとなる。実際に有価証券報告書を確認すると，日本では減損会計を適用した場合，損失金額のみが損益計算書上に計上されるが，その算定根拠は注記等でも一切明らかにされていない。つまり，どこから損益計算書上の数値が求められたのかは内部者のみの情報となっており，ブラックボックス化している。

本章では，有形固定資産の減損会計について，減損とは何かを理解すること，減損会計の手順を理解すること，減損会計で算定される金額の算定方法を理解すること，減損会計の問題点を理解することを目的とした解説を行った。次章では企業の事業再編（M&A）の会計制度について検証することとする。

関連記事① （日本経済新聞　2005年1月1日より抜粋）

7位―減損会計の強制適用　「バブルの最終処理」迫る

　かつて，橋本龍太郎首相が提唱した金融制度の大改革「金融ビッグバン」。この中でインフラとしての会計制度の国際化の必要性が指摘され，連結重視の決算制度や金融商品の時価会計など「会計ビッグバン」と称される会計制度改革が進んだ。固定資産の減損会計はその「会計ビッグバン」の総仕上げとなる制度だ。

　今年四月からの決算期から強制適用となるが，実際には多くの大企業が義務化を待たずに処理を進めている。前倒しが可能となった2004年3月期には，新日本石油や新日本製鉄，大成建設などの企業が数百億―千億円規模の損失を計上。前期は上場企業合計で処理損失が一兆円を越えた。

　今期はさらにこの流れが加速。大京が産業再生機構による支援を機に千八百億円超の損失を出したほか，サンリオが1990年12月にオープンしたサンリオピューロランド（東京都多摩市）などのテーマパークの処理で219億円の損失を計上した。

　04年9月中間期時点で，すでに3月期決算企業の損失合計が1兆円を突破。期末にかけ処理を決める企業もあるとみられ，前期の処理額を大きく上回るのは確実だ。

　各社が前倒し処理に踏み切るのは，財務面での重荷となる含み損処理を先送りすると経営の機動性が失われるためだ。今期の3月期決算（金融を除く）の連結純利益は前期比で41.6％増える見通し。収益回復が進んでいる間に処理を終え，財務の健全性を内外に訴える狙いもある。

　04年9月中間期にホテルなどで404億円の損失処理に踏み切った長谷工コーポレーション

の高聰久社長は「(減損の前倒しで) 財務体質の改善が進んだ。再建の道のりも八合目に差し掛かった」と話す。

減損対象は土地や建物などの不動産に限らず, 固定資産全般に広がる。例えば絵画。ヤマタネは横山大観や奥村土牛など大家の作品を含む絵画約7百点に減損会計を適用。合計で21億円の処理損失を出した。

廃止を巡り論議が続いているNTTの固定電話の加入権料も会計上は無形固定資産に分類されるため減損の対象となる公算が大きい。ヤマト運輸は減損導入を前に, 03年9月中間期に加入権の一部を流通価格で時価評価して評価損を計上した。物流や消費者金融, 警備会社などが加入権を多く保有しており, 廃止されれば減損処理することになりそうだ。

製造業にとっては収益力の低下した工場設備も対象となるため, 影響が大きい。半導体など市況に左右される品目を抱える企業は, 製造設備の収益性をいかに維持していくかが問われる。

土地本位制といわれるほど, 土地資産を経営力の要としてきた日本企業には, まさに「バブルの総決算を迫る会計制度」(会計関係者)。2005年度の義務化に向け, 対応が遅れた企業を見る外部の目は厳しさを増す。

主な減損処理の事例 (単位：億円)

		減損損失額	主な対象資産
2004年3月期	新日本石油	1,714	ガソリンスタンド土地
	伊藤忠商事	1,253	賃貸ビル, ゴルフ場など
	日本信販	661	遊休土地
	新日本製鉄	600	遊休土地やテーマパーク
	大成建設	525	ゴルフ場など
2005年3月期	大京	1,822	賃貸マンションやゴルフ場
	JFEホールディングス	740	ゴルフ場や遊休資産
	長谷工コーポレーション	404	ホテルや賃貸マンション
	東日本旅客鉄道	381	住宅跡地など
	サンリオ	219	テーマパーク

関連記事② (日本経済新聞　2017年4月16日)

減損会計の難しさ

東芝の決算に関して会社側と監査法人の意見が分かれて, 決算の確定ができないという事態が起こっている。何に関して意見の対立があるのかは, 外部からはよくわからない。

もともと減損をめぐる会計処理に関しては，経営側と監査人の意見対立を生みやすい。そうなる理由はいくつかある。まず，減損処理に関して客観的で明確な基準を置くことが難しい。さらに，当然のことながら経営陣と監査人の姿勢に違いがあることも対立の原因である。

会社が置かれた状況によって，経営側の姿勢は異なってくる。自己資本にゆとりがないときは，経営者は減損処理を遅らせようとしがちだ。自己資本の減少，さらには債務超過を恐れるからである。逆に自己資本に余裕があり，減損の額が小さいとき，減損処理を急ぐ経営陣が現れることがある。

新しく選ばれた経営者ほどその傾向は強くなる。減損による損失を表に出しても，自らの責任を問われることはない。損失はこれまでの経営者のせいにできるし，減損処理により将来の減価償却負担を減らせば利益を上げやすくなり，Ｖ字型の業績回復を演出しやすくなる。

減損に関して経営陣と監査人との意見の相違が起こりがちなのは，減損の範囲である。赤字事業の中にも黒字の分野はある。その場合に黒字の部分を含めて減損処理をするか，赤字部門だけを減損処理するかで対立が起こることもある。

公認会計士は減損処理を早く行わせようとしがちである。監査人としての責任を追及されるのを避けようとするからだ。減損を遅らせ，事業の立て直しの時間を確保するというのも，経営者としての理にかなった選択であることは理解できる。経営努力によって，不採算事業の立て直しができることもある。それこそが経営者の仕事だといえるかもしれない。

しかし，よく考えてみれば減損会計は経営者にとって過酷なルールでもある。減損は一種の時価会計だ。それも，赤字事業だけを対象とした時価会計である。黒字事業には時価会計は適用されない。会計の保守主義の原則にかなっているが，双方に時価会計が適用されれば，黒字事業を売却して穴埋めに充てる必要はなくなる。

[復習問題]
1. 有形固定資産に対して「減損会計」を採用する目的とは何でしょうか。企業の視点から考えてみてください。
2. 「減損会計」の利点と問題点について，会計情報を利用する立場から考えてください。

次に読んでほしい本

中島康晴（2009）『時価・減損会計の知識＜第2版＞』（日経文庫）日本経済新聞出版社。

太田達也（2010）『減損会計実務のすべて－図解と実例で会計・税務のポイントをつかむ本』（第3版）税務経理協会。

第10章　企業結合(主に合併)とのれんの会計

> ＊学習のポイント
> 　M&Aの現状と代表的な合併の会計処理について学習しましょう。また「のれん代」が大きい企業には，どのような特徴があるのかを考えてみましょう。

　本章では，企業結合の定義およびその近年の動向，企業結合を行う際の会計処理方法および日本とIFRSの会計処理方法の違いについて述べる。また企業結合の際に生じる**のれん**（営業権）または**割安購入益**の認識と測定，のれん（営業権）の取り扱いについての解説を行う。

1．企業結合の形態

　企業結合とは，取得企業が1つまたは複数の事業の支配を獲得する取引または事象のことである。この場合，事業は，その所有者や参加者に対して，配当，低廉なコストまたはその他の経済的便益という形でのリターンを，直接的に提供することを目的としてなされる統合された一連の活動および資産と定義される。
　企業結合には，以下にあげるような形態が存在する。

① 営業譲渡
　　この形態の企業結合は，一定の営業目的のもとに組織化された，有機的一体としての財産の全部または一部の譲渡を意味する。
② 株式取得
　　この形態の企業統合は，企業の株式を取得して，その企業の支配権を取得

する方式である。この場合，株式を取得された企業は子会社または関連会社として存続することとなる。

③　株式交換

株式取得で企業結合を行う場合，大型の案件になるほど，株式を購入するために多額の資金が必要となる。そこで，被買収会社の株主に対して，被買収会社の株式と引き換えに買収会社の株式を譲渡する企業結合の方法が，近年盛んになっている。この場合，必要とする資金は，通常の株式取得による企業結合と比較して，少額で済むこととなる。

なお，被買収会社に引き渡す株式数は，買収会社と被買収会社の企業価値に応じて交換比率が決まる。つまり，自社の株価が高水準であればあるほどより大型の案件を実現させることが可能になる。

④　合　併

この形態の企業結合は，ある企業と法的に合体して，法人格が１つになる方式である。そして，合併には吸収合併と新設合併の２種類が存在する。吸収合併とは，合併当事会社のうちの１社が存続し，他の会社は消滅する手法である。新設合併とは，当事会社のすべてが消滅して新たに法人格が創設される手法である。近年になって実務上で行われている持ち株会社設立などは，新設合併の一例であるといえる。

２．企業結合のタイプ

企業結合のタイプについては，国内企業同士での結合か，国外企業との結合かによって，次の２種類に分類することができる。

①　IN-IN 型

これは，国内企業同士での企業結合である。具体的な事例としては，2000年前後に日本で起こった金融界での合併統合があげられる。例えば，2000年９月に第一勧業銀行，日本興業銀行，富士銀行が統合して，みずほフィナンシャル・グループが発足した事例などはこのケースの典型的な例である。

② **IN-OUT 型**

　これは，国内企業が海外企業や事業を買収するケースである。具体的には1980年代後半のバブル期において，国内企業が海外の不動産会社を買収した上で，値上がり後に他の企業に転売していた事例などがあげられる。ソニーによるコロンビア・ピクチャーズの買収，ブリヂストンによるファイアストンの買収などはこのケースの典型的な例である。

③ **OUT-IN 型**

　これは，海外企業が国内事業を企業結合するケースであり，具体的には外資系投資ファンドによる日本企業への敵対的買収などのケースをあげることができる。

④ **OUT-OUT 型**

　これは，海外企業同士の企業結合のことである。よって，このテキストでは直接的にはとりあげない。

3．日本の M&A（Merger and Acquisition）の動向

　企業結合と M&A は厳密には異なるものである。企業結合は2つ以上の企業および事業単位が一体となる形態を指すのに対し，M&A には事業分離や分社

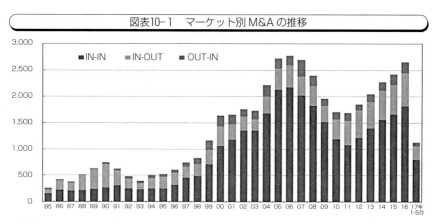

図表10-1　マーケット別 M&A の推移

出所：MARR Online（https://www.marr.jp/mainfo/graph/）より引用。

化も含まれる。しかしながら，企業の合併や買収等の動向を確認するためのデータを最もわかりやすく示しているのは，わが国のM&Aの動向と課題（M&A研究会中間報告）（平成16年3月）である。よって以降では，こちらの資料をもとに近年の日本のM&Aの動向について解説をしていくこととする。まず，マーケット別M&Aの推移は図表10-1のとおりである。

　図表10-1より明らかなように，1996年以降，急激に企業結合の件数が増えている。逆に言えば，1995年以前は日本にM&Aが定着していない時期であり，限られた企業・業種でのみM&Aが活用されていたことがうかがえる。この時期の日本では，内部成長が主流で，外部から事業等を買収するのは抵抗が大きかった。その証拠に，1985年から1995年まで「IN-IN型」の件数は250件程度が続いている。これより，経営手法としてM&Aが定着していなかったことが伺える。

　また，1990年ごろのバブル期になると，「IN-OUT型」が大幅に増加し，日本企業の6割を占めるに至っている。この理由としては，日本企業による海外の商業ビルやゴルフ場，ホテルの買収が増えたことが考えられる。言ってみれば事業目的ではない財テク目的のM&Aであり，正当な経営手法の1つとしてM&Aが採用されていたわけではない。

図表10-2　買収金額公表企業トップ5（1999年）

順位	公表金額（百万円）	当事者1	当事者1業種	当事者2	当事者2業種
1	942,400	JT（日本たばこ産業）	食品	Rレイノルズ・インターナショナル	食品
2	870,000	GEキャピタル（GEC）	その他金融	日本リース・日本リースオート	サービス
3	843,000	ルノー	輸送用機器	日産自動車・日産ディーゼル工業	輸送用機器
4	311,850	CITグループ（第一勧業銀行）	その他金融	ニューコート・クレジットグループ	その他金融
5	220,000	ブリティッシュテレコム（BT），ATAT	通信・放送	日本テレコム	通信・放送

「OUT-IN型」の海外投資ファンドによる再生案件が含まれている。
出所：丹羽昇一「第2章　データで見るわが国企業のM&Aの動向～クロスボーダー型M&Aを中心に」『わが国のM&Aの動向と課題』（M&A研究会中間報告）（平成16年3月）図表2-7を引用。

図表10-3　買収金額公表企業トップ5（2005年）

順位	公表金額 （百万円）	当事者1	当事者1業種	当事者2	当事者2業種
1	1,352,300	イトーヨーカ堂	スーパー・コンビニ	セブン-イレブン・ジャパン，デニーズジャパン	スーパー・コンビニ
2	796,798	三共	医薬品	第一製薬	医薬品
3	440,000	花王，アドバンテッジパートナーズ有限責任事業組合，MKSパートナーズ，ユニゾン・キャピタル	化学	カネボウ化粧品，カネボウ（産業再生機構）	化学
4	360,596	国際石油開発	鉱業	帝国石油	鉱業
5	270,000	三菱重工業，三菱商事，東京三菱銀行（三菱東京フィナンシャルグループ）(MTFG)	機械	三菱自動車	輸送用機器

大型統合案件や再生案件などさまざまであるが，すべてが「IN-IN型」である。
出所：丹羽昇一「第2章　データで見るわが国企業のM&Aの動向～クロスボーダー型M&Aを中心に」『わが国のM&Aの動向と課題』(M&A研究会中間報告)（平成16年3月）図表2-5を引用。

図表10-4　買収金額公表企業トップ5（2006年1～9月）

順位	公表金額 （百万円）	当事者1	当事者1業種	当事者2	当事者2業種
1	1,917,200	ソフトバンク（受け皿会社BBモバイル）	その他販売・卸売	ボーダフォン（ボーダフォングループPLG日本法人）	通信・放送
2	621,000	東芝，共同出資者	電機	BNFL USA Group Inc., ウエスチングハウス (WH)UK Limiteted [(英核燃料会社) (BNFL)]	電機・ガス
3	618,000	日本板硝子	窯業	ピルキントン	窯業
4	374,082	阪急ホールディングス	運輸・倉庫	阪神電気鉄道	運輸・倉庫
5	316,248	三井住友フィナンシャルグループ	銀行	SMBCフレンド証券	証券

グローバル競争に勝つために「IN-OUT」型が上位，再生M&Aから前向きな戦略的M&Aへの変化。
出所：丹羽昇一「第2章　データで見るわが国企業のM&Aの動向～クロスボーダー型M&Aを中心に」『わが国のM&Aの動向と課題』(M&A研究会中間報告)（平成16年3月）図表2-6を引用。

バブル崩壊後の1995年ごろを境に「IN-IN型」のM&Aが増加し，大企業，上場企業においてM&Aが一般的な経営手法として急速に定着していることが伺える。この理由として，1つめには，バブル崩壊後の事業再編が進む中で，内部成長よりも企業同士での合併，統合をすることによってお互いのメリットを最大限に生かすことを考えたこと，2つめには，事業再編に向けての会社法等の整備が進んだことがあげられる。例えば，日本では持ち株会社の解禁，株式交換制度の容認など，M&Aの実施を容易にするための法律整備が進んだことがあげられる。

さらに，企業同士ではなく，企業グループ内での企業結合も進んだ。これはより効率的な企業内組織の整備を行うためであり，企業結合が一部の企業が行ってきた財テク目的ではない。つまり，企業結合が一般的な「事業再編」の経営手法として認められてきているのが，近年の日本の大きな特徴だといえる。

そこで，図表10-2から10-4に示した各年代別の買収金額公表企業トップ5の資料に基づいて，日本のM&Aの特徴の概要を確認してみることとする。

さらに，2006年以降の日本のM&Aの動向について述べれば，以下のとおりである。2007年のリーマン・ショックおよび2011年の東日本大震災によって日本の国内市場が低迷したこともあり，工場建設を日本国内で行うのではなく，安い人件費を求めて東南アジアなどの「割安な」海外企業を買収する形で，販路や生産拠点を求める傾向が強まっている。

以上，近年の日本のM&Aの推移や傾向を概観してきた。近年における大きな特色としては，企業結合などのM&Aが，特別な企業での特殊な活動というとらえられ方ではなく，企業の経営戦略の1つとして一般的にとらえられるようになってきたことがあげられる。つまり，日本でも企業結合の重要性が近年になり高まってきているのである。

そこで以下では，会計基準において企業結合がどのような取り扱いをされているのか，日本とIFRSとの相違に焦点を当てて解説することとする。企業結合の会計処理では，企業合併による被買収会社の資産評価と営業権（のれん）の扱いが大きな論点となる。よって以降の説明では，企業結合の中でも合併に重点を置いて論点や問題点を説明していくこととする。

図表10-5 取得法適用のステップ

企業結合の会計処理 ⇒ 取得法により処理

取得法適用のステップ

① 取得企業の識別
　↓
② 取得日の決定
　↓
③ 取得した識別可能資産・負債および被支配持分の認識と測定
　↓
④ のれんまたは**割安購入益（負ののれん）**の認識と測定

図表10-6 企業結合の会計処理について

	パーチェス法	持分プーリング法
消滅会社の資産と負債の引継ぎ	資産・負債として個別的に識別された項目のみ引き継ぐ	すべて存続会社が引き継ぐ
引き継ぐ資産と負債の評価	時価評価して引継ぎ，対価との差をのれん（営業権）とする	消滅会社の帳簿価額によるため，のれん（営業権）は生じない
消滅会社の株主資本の内訳	引き継がず，資本金組み入れ額は資本剰余金となる。	利益剰余金を含め，そのまま存続会社が引き継ぐ

4．企業結合の会計処理方法

　企業結合の会計処理方法であるが，日本においては企業会計基準第21号「企業結合に関する会計基準」で，IFRSではIFRS 3で企業結合による会計基準を定めている。企業結合において**パーチェス法**（後述）を用いることは日本も

IFRS も同様だが，資産評価およびのれんの扱いが異なっている。以降の説明は IFRS 3 に基づいているが，IFRS 3 ではパーチェス法について**取得法**という用語を用いている。取得法適用のステップは図表10-5の通りである。

企業結合の会計処理には，パーチェス法と**持分プーリング法**の２種類が存在する。

パーチェス法とは，取引をどちらか一方の企業の買収（取得）と位置付けて，取得企業が被取得企業の資産・負債を時価で取り込む方法である。この場合，取得に要した対価と取得した被取得企業の純資産の差額が**のれん（営業権）**として計上される。

持分プーリング法とは，取引を当事者両者の持分の結合として位置付け，資産・負債を簿価で引き継ぐ方法である。資産・負債が簿価で引き継がれるため，のれん（営業権）は発生しない。

２つの会計処理方法の相違点をまとめると図表10-6のようになる。

合併の会計処理について，IFRS ではすべての取引を取得法（パーチェス法と同様）で処理することが義務付けられている。他方，日本ではパーチェス法を原則としながらも，対等合併の場合については持分プーリング法で処理する方法が容認されていた。しかしながら，2008年12月の改正により，日本においても2010年4月以降の企業結合から，パーチェス法に一本化された。

パーチェス法と持分プーリング法について，設例をあげて説明すると次の通りとなる。

設例：パーチェス法と持分プーリング法の説明

　Ａ社とＢ社は合併を行った。合併期日にＢ社株主の所有するＢ社株式１株につき，Ａ社株式１株を新規発行し割り当てた。なお，Ａ，Ｂ社両社の発行済み株式金額はともに100円，合併期日におけるＡ社の時価は300円であった。

　なお，合併に当たってＢ社の資産・負債を精査したところ，Ｂ社の資産に含み益10千円があることがわかった。Ｂ社負債の時価は簿価と一致した（Ｂ社を100％子会社にする場合）。

① 持分プーリング法（単位は千円）

・A社，B社ともに貸借対照表は簿価で引き継ぎされる。

合併後会社

資　産　90 （A社50＋B社40＝90）	負　債　50 （A社20＋B社30＝50）
	資　本　40 （A社30＋B社10＝40）

　持分プーリング法の場合，B社の貸借対照表は簿価の金額がそのまま引き継がれる形となる。よって，合併後の貸借対照表はA社とB社を単純に合算したものであり，営業権（のれん）は発生しない。

　パーチェス法の場合，この場合だとB社の資産に含み益10千円があることが判明していることから，時価での洗い直しを行う必要が生じる。

② パーチェス法（単位は千円）

・B社（被取得企業）の資産・負債を時価修正

B社の時価修正後において行われる合併時の仕訳は次の通りとなる。

(借) 資　産　　50　　(貸) 負　債　　30
　　営業権　　10　　　　資　本　　30
　　　　　　　　　　　　　（純資産）

この場合，資産・負債の時価評価および被取得会社の株主への株式発行の際に時価で評価することから，営業権（のれん）が発生することになる。

・A社とB社を合併

合　併　後　会　社

資　産　110 （うち営業権が10）	負　債　50
	資　本　60

IFRSおよび日本の会計基準ともに，企業結合についてはパーチェス法が採用されているが，資産・負債の識別評価については日本とIFRSで異なる点が存在する。日本の場合，あくまでも貸借対照表上に記載されている資産・負債についての時価評価，修正を行うことが原則であり，例外として，研究開発の途中段階にある未完成の成果が資産として識別可能であれば資産に組み入れることが認められているのみである。

他方，IFRSでは「識別可能」を分離譲渡可能，契約またはその他の法的な権利に基づくものであるとしており，この定義は「無形資産」にも当てはまる項目となっている。よって，被合併企業の取得前には認識されていなかった資産・負債が新たに認識される可能性も起こりうる（具体的には，人的資源，独自の販売網，技術開発など）。

パーチェス法で取得された営業権（のれん）の取扱いについては，下記の2

つの見解が存在する。

(a) 営業権（のれん）の源泉である超過収益力が市場競争を通じて徐々に消滅するため，規則的な償却が必要である
(b) 超過収益力が低下しない場合がありうることに配慮して，規則的償却ではなく減損会計の対象とする

　日本の場合，基本的には（a）の見解に立脚しており，20年以内のその効果の及ぶ期間にわたって，定額法その他の合理的な方法による規則的な償却が求められる。その場合，営業権（のれん）の償却額は販売費および一般管理費の一項目とされる。
　具体的には，前述の設例において発生した営業権（のれん）を20年で定額償却する場合，営業権（のれん）の金額は10,000円であるため，10,000円÷20＝500円となり，

（借）営業権償却　　　500　　　（貸）営　業　権　　　500

という会計処理が行われる。この場合，営業権償却はその期間の費用として損益計算書に計上される。
　それに対してIFRSは（b）の見解に立脚しているため，営業権（のれん）は減損会計の対象であり，毎期減損テストをして帳簿価格が回収可能価額を下回る場合に，減損損失を計上する方法が採用されている。つまり，被取得企業が予想したほどの収益を上げなかった場合，営業権の減少として損失を計上することとなる。
　日本に関しては，前章で解説した有形固定資産の減損会計が営業権（のれん）の場合にも適用されるとなっているものの，実務上は減損と規則的償却が併用されている状況である。その中で，2011年3月期に営業権（のれん）を計上したおよび償却した企業のうち，その償却額が大きかった企業を取り上げると図表10-7，10-8のようになる。
　図表10-7，10-8より明らかなように，総資産に占める営業権（のれん）の

図表10-7 営業権の金額が大きい企業（2011年3月期）（単位：億円）

	のれん	総資産	総資産に占めるのれんの割合
JT（日本たばこ産業）	11,478	35,719	32.1%
パナソニック	9,248	78,229	11.8%
ソフトバンク	8,392	46,557	18.0%
NTT	7,475	196,656	3.8%
ソニー	4,690	129,250	3.6%

出所：伊藤邦雄（2012）『ゼミナール現代会計入門（第9版）』，図表13-14を修正引用。

図表10-8 営業権償却額が大きい企業（2011年3月期）（単位：億円）

	のれん償却額(A)	税金等調整前当期純利益(B)	(A)÷(A+B)
JT（日本たばこ産業）	911	2,805	24.5%
ソフトバンク	627	4,806	11.5%
富士通	156	1,022	13.2%
豊田通商	152	997	13.2%
オリンパス	144	228	38.7%

出所：伊藤邦雄（2012）『ゼミナール現代会計入門（第9版）』，図表13-14を修正引用。

割合が大きな企業においては3割程度，また営業権償却額についても税金等調整前当期純利益に占める割合が高い企業において2割を超えていることがわかる。営業権（のれん）を資産に計上するか，また償却を行うか否かは貸借対照表，損益計算書に影響を及ぼすことが図表10-7，10-8からよく理解できる。

　営業権（のれん）に関して減損会計を採用した際，成功した企業結合の場合だと，営業権（のれん）はいつまでも資産に残る形となる。また，失敗した企業結合の場合だと，営業権（のれん）は損失として損益計算書に一括計上されることになる。大型案件の場合，営業権（のれん）の金額も多額計上されることから，企業合併を行うのであれば事前審査が必ず必要となるが，企業業績に

大きな影響を及ぼすことになることは明らかである。

　また，営業権（のれん）は資産に計上されると説明したが，**負の営業権**（のれん）が出るケースもある。特に日本の場合，負の営業権（のれん）が出るケースが比較的多い。

　負の営業権（のれん）が出る理由としては，現在の業績はそれほど悪くないが，企業内部の事情（将来的に経営悪化の兆しがあると予想されるなど）のために，企業そのものが別企業の早急な支援を求めているケースなどが考えられる。つまり，帳簿金額の純資産金額よりも低い金額の買収額に応じた，あるいは取得企業が取得交渉を極めて有利に行ったためにこのような結果になるのだと推察することができる。

　なお負の営業権（のれん）の場合，日本においては負債の部に計上して，適切な期間で規則的に償却していたが，2010年4月以降の企業結合については，原則として利益として計上することが義務付けられるようになった。それに対して，IFRSの場合は，合併する側の企業は有利な買収ができたということで，負の営業権（のれん）を計上した時点で利益として計上することが義務付けられている（割安購入権）。

　なお，のれんを減損損失した際，企業結合の結果が改善した場合であっても基本的には減損損失の戻し入れは行われない。これは，営業権（のれん）は将来の経済的便益を直接見積もったものではないことから，回収可能価額の回復が，合併後の企業の自助努力や相乗効果によって内部で生み出された自己創設のれんなのか回収可能価額なのかを判別できないためである。

　本章では，企業結合（主に合併）を中心として，M&Aの日本での動向，そしてパーチェス法（取得法）と持分プーリング法の解説，パーチェス法（取得法）を採用する際に発生する営業権（のれん）の会計的な取り扱いと，IFRS導入に伴い何が問題となるのかを解説した。次章では，収益認識の会計について取り上げることとする。

関連記事①　（日本経済新聞　2006年4月13日より抜粋）

M&A 会計新時代（上）「対等合併」は例外に一買い手側決め会計処理

　M&A（企業の合併・買収）の会計処理を定めた「企業結合会計基準」の適用が4月1日から始まった。これまで M&A には包括的な会計基準がなく、不透明な会計慣行が横行していた。新時代を迎える M&A 会計が企業財務に与える影響を探る。

　光洋精工と豊田工機が1月1日に「対等の立場」で合併し誕生したジェイテクト。合併する会社同士の貸借対照表を簿価のまま合体する、持ち分プーリング法で会計処理する。実は両者は当初、4月1日に合併する予定だったのを、3ヶ月前倒しした経緯がある。当初予定通り4月1日の合併だと、この会計処理はできなかったとみられる。

　ジェイテクトは合併の前倒しについて「合併作業が早く進んだためで、会計基準を意識したわけではない」と明言する。しかし、3ヶ月の違いは結果的に、会計処理に大きな差を生む。

　M&A の新たな会計ルールでは、持ち分プーリング法を使えるのは、対等合併に限る。ジェイテクトの場合、合併比率を基にはじくと、旧豊田工機の株主の出資比率は約三割。出資比率からみて対等ではないため、会計上は光洋精工が豊田工機を買収したとして、パーチェス法で処理しなければならない。豊田工機の資産や負債を時価評価して引き取り、のれん代を計上する処理だ。

　米国会計基準や国際会計基準では、持ち分プーリング法を廃止し、M&A の会計処理はパーチェス法に一本化している。パーチェス法だと、買い手と買われる側を決め、買収金額を算定。相手企業の純資産をいくら上回る金額（のれん代）で買ったかも明確となるなど、透明性が高いためだ。

　日本では、買い手と買われる側を区別できない合併もあるとの理屈を尊重し、プーリング法を温存。国際的な流れに対応するため、合併後の出資比率が50対50となる対等合併だけに適用を限っている。この出資比率がずれても、最大55対45の範囲までしか、対等合併として認めない。

　過去の上場企業の合併は会計上は対等合併と認められない例が多い。2003年時点の調査では、10年間の上場企業の合併145件のうち、新ルールで対等合併と認められるのは11件しかなかったという。

　のれん代の償却費が期間利益を押し下げるパーチェス法はできたら避けたいのが経営者の本音だ。だがプーリング法が許される対等合併はごく例外になる。ある投資銀行の M&A 担当者は「対等合併できるような、企業価値がほぼ同じ会社同士をみつけるのは難しい」と話す。

　三菱東京フィナンシャル・グループと UFJ ホールディングスが合併した三菱 UFJ フィナンシャル・グループ。新会計ルールでは三菱東京が UFJ を買収したとして会計処理する。実際、三菱 UFJ が米国会計基準で発表した05年9月末の貸借対照表ではパーチェス法を適用、のれん代が3兆1千億円を超えた。

三共と第一製薬が昨年9月,持ち株会社の第一三共を設立して統合した際にも,プーリング法を採用した。新会計ルールではこれも,三共が第一製薬を買収したと見なす。両社は米国の株主が多いことから昨年6月,米証券取引委員会（SEC）に,米国会計基準に基づきパーチェス法で会計処理した場合の決算書などを提出した。

企業結合会計に詳しい新日本監査法人の松岡寿司・公認会計士は「合理的な価格での買収だったのか。経営者の説明責任が問われることになる」と指摘する。

関連記事② （日本経済新聞　2014年9月6日より抜粋）

「のれん」会計，見直しも

国際会計基準（IFRS）をつくる国際会計基準審議会（IASB）が企業買収で生じる「のれん」の会計処理を見直す可能性が出てきた。来日したIASBのハンス・フーガーホースト議長が日本経済新聞の取材で明らかにした。のれんの処理について,「現在の減損の基準は緩すぎる」と言及し,検討の課題になるとした。早ければ来年にものれんを含めたM&A（合併・買収）に関する会計処理を見直す作業に着手する。

のれんは,企業買収で支払った総額のうち買収先の純資産を上回った額のことで,買収先の持つブランド力など見えない資産の価値の部分に相当する。IFRSは買収先の価値が下がった場合には,一括して損失を計上し,のれんを減らす減損処理を求めている。

ただ企業によっては,巨額の損失が一気に表面化する例も出ている。同議長は「減損処理のタイミングが遅すぎる。のれんがあまりにも多く残っている」と明言した。「現在の基準が完璧でないことは認める」として,基準の見直し論議に入ったことを明らかにした。

日本の会計基準では,のれんを毎年一定の額で費用にし,最長20年で残高をなくす決まりだ。同議長は「最長20年という期間は長すぎる。定額であることに合理的な理由もみつけにくい」として,日本の会計処理の問題も指摘した。

今後の見直しの方向としては「（日本のように）定期的に償却していくか,より早く減損を認識するかなど慎重に検討していく」と話した。

［解説］

日本ではIFRSの適用は企業側の任意で,現在40社超が採用している。のれんの会計処理が日本とIFRSで異なることが,IFRSの採用を巡る判断の分かれ目になる状況が起きている。

買収先の企業の業績が好調な場合は,IFRSではのれんに関しての費用を認識しないため,日本基準よりも利益が大きく見える。買収でのれんを多く抱える総合商社や製薬会社で,IFRSの採用が目立つ。もし業績が悪化した場合には,残高の大きいのれんを一気に減損処理する。

一方で,日本の定期的にのれんを償却する方法は中長期的な損益の平準化につながる。製造業を中心に日本の会計処理を支持する考え方は多い。

今後,IFRSがのれんを定期償却する方向で見直された場合,保守的な会計処理を好む製造業などでIFRSの採用が増える可能性がある。逆に,製薬会社など買収を続ける企業では

採用を見送ることも考えられる。

関連記事③　（日本経済新聞　2015年9月3日　わかる国際会計基準（3））

M&Aの「のれん」計上せず―価値下がれば減損処理

　過去最高ペースで増えている日本のM&A（合併・買収）。国際会計基準（IFRS）を採用する企業が広がる理由の1つに，M&Aで生じる「のれん」の処理の違いがある。

　のれんとは企業のブランドや将来にわたる収益力といった「見えない資産」をさす。M&Aの際に支払う対価が買収先企業の純資産を上回ることが多いのは，のれんが示す「超過収益力」を評価するからだ。

　日本基準は最長20年でのれんを定期的に償却していく。一方，IFRSは「利益のブレを防ぐ」という理由で，のれんを償却しない。コニカミノルタがIFRSで開示した2015年3月期の連結純利益は409億円と日本基準の数値より82億円増えた。過去の経営統合などで生じたのれんの償却費（92億円）がなくなり見かけ上の利益が増える。

　米携帯電話会社スプリントをはじめ，積極的なM&Aを続けてきたソフトバンクグループ。IFRSで開示している15年3月期連結決算を仮に日本基準に直すと，のれんの処理の違いで純利益（6683億円）の2割に相当する1332億円が目減りする計算になる。

　同社が抱えるのれんは約1兆5千億円。IFRSは「のれんの償却負担が最初から生じないため，有望な投資機会を逃さずに済む」（君和田和子執行役員）という。

　もちろん，いいことずくめではない。のれんを定期償却しない代わりに買収先企業の価値を毎期必ずチェックしなければならない。買収後に事業環境が悪化し，想定より収益が上がらない状況になれば価値を引き下げて損失を出す「減損処理」を迫られる。丸紅は13年に買収した米穀物子会社の業績が振るわず，15年3月期連結決算でのれんの減損処理を実施した。

復習問題

1. 合併に関して，かつてはパーチェス法と持分プーリング法の選択適用が認められていました。この2つの会計処理方法を通して，合併に対する欧米と日本の考え方の違いを説明してください。
2. あなたは「営業権（のれん）」の会計処理について，減損として計上する方法と定期償却する方法のどちらが望ましいと考えますか。企業の立場と会計情報を利用する立場の両方から考えてみてください。

📖　**次に読んでほしい本**

小林正和（2017）『図解＋ケースでわかるM&A・組織再編の会計と税務＜第2版＞』中央経済社。

第11章 収益認識基準の会計

> ＊学習のポイント
>
> 「売上高」の内容や計上のタイミングが，会計基準によって異なります。企業の実態を正しく表すには，どの会計処理が望ましいのか考えてみましょう。

　本章では，企業の収益認識基準について，日本，IFRS そして米国の会計基準および会計実務の現状の解説を行う。なお，収益認識基準について，IFRS および米国では会計基準が公表されているが，日本では IFRS の流れに沿う形ではあるものの，明確な会計基準は公表されていない状況にある。

　本章では，まず日本の収益認識基準についての枠組みと現状についての解説を行い，日本と IFRS の収益認識基準の違いを明らかにする。また，IFRS（米国）の会計基準策定の流れを追った後，収益認識基準が大きなポイントとなるケースである，返品権のある売上計上の会計処理，製品保証付きの売上計上の会計処理，カスタマー・ロイヤルティ・プログラムの会計処理の解説を行う。そして最後に，日本の収益認識基準に関する現状を補足的に解説する。

1. 日本と IFRS の収益認識時点の違い

　日本の収益認識基準については，企業会計原則の「損益計算書原則」において，費用は発生原則で，収益に関しては実現原則で行われている（発生主義と現金主義の違いについては第7章を参照）。

　簡単な設例を用いて，費用・収益の認識方法について考えてみる。一例として，商品を100万円で現金購入し，そのうちの50万円を70万円で顧客に売り渡した（掛け売上）場合について考える。このとき，現金主義では現金購入した

時点の100万円が費用として認識されるが，発生主義の場合では顧客に売り渡した時点で50万円が費用として認識される。

それに対して，収益の認識基準は実現主義であるが，次の2つの条件が満たされた時点で「実現」とみなされる。

① 財貨やサービスが相手に引き渡されたこと
② 対価として，現金・売掛金などの貨幣性資産を受け取ったこと

よって上記設例の場合，顧客に商品が引き渡されて売掛金として生じた70万円が，売上高として収益計上されることとなる。

このように実現基準とは，財貨またはサービスを「販売」した時に収益を認識する基準であるが，販売過程の「どの時点」で収益を認識するのかについては明らかになっていない。そして，日本とIFRSでは，厳密に言えばこの「販売」の時点が異なっている。

IFRSにおける物品の販売からの収益の認識は，次の5つの要件をすべて満たした時であるとされている。

① 物品の所有に伴う重要なリスクと経済価値が移転していること
② 販売された物品に対する継続的関与や有効な支配を保持しなくなったこと
③ 収益の額について信頼性を持って測定できること
④ その取引における経済的便益が企業に流入する可能性が高いこと
⑤ その取引に関する原価の額について信頼性を持って測定できること

また，売上計上時点としては，図表11-1に示すような一般的な販売のプロセスの中での6つの時点を考えることができる。

多くの日本企業の場合，製品や商品を出荷した時点で売り上げを計上（発送時点。図表11-1における②の時点）するのが実務上，一般的である（出荷基準）。しかしながら，IFRSの場合，重要な点は5つの要件の①および②を満たすことであることから，売り手が売り上げを計上できるのは，買い手のもとに製品や商品が届いた時点（着荷時点。図表11-1における③の時点），もしくは買い手が製

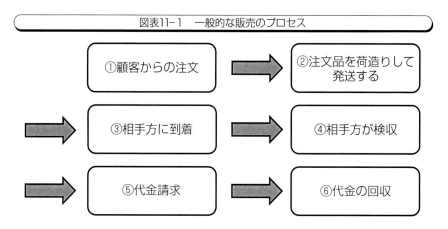

図表11-1 一般的な販売のプロセス

品や商品をチェックした時点（検収時点。図表11-1における④の時点）（**着荷基準**）となる。以上より，一般的な販売のプロセスにあたって，日本とIFRSでは売上計上のタイミングが異なることがわかる。

さらに，IFRSにおいては，企業が本人当事者として取引を行っていることを示す状況の例として，次の4つの要件すべてを満たすことを要求している。

① 企業が顧客に対する物品やサービスの提供あるいは注文内容の履行に関して主たる責任を負っている
② 企業が**在庫リスク**を負っている
③ 企業が価格を設定する裁量を有している
④ 企業が顧客に対する債権について信用リスクを負っている

このIFRSの要件を適用した場合，在庫リスクや信用リスクを取らないビジネスについては，取扱総額ではなく手数料総額を売り上げとして計上することとなる。

なお，これらのIFRSの要件を適用するに際して，最も大きな影響があると考えられる業界として，百貨店業界および商社があげられる。例えば，メーカーや卸売業者が百貨店の場所を借りて商品を販売するに過ぎないため，百貨店自体は在庫リスクを負わない。また，商社は多種多様な商品を扱うものの，

図表11-2　東京エレクトロンのニュースリリース

> 半導体製造装置およびFPD製造装置の収益認識基準については，従来，出荷基準によっておりましたが，当事業年度（平成17年3月期）から，原則として設置完了基準に変更いたします。この変更は，出荷から設置完了にいたる期間の長期化傾向が顕著になってきたことならびに出荷後の業務プロセスの見直しにより設置完了に関するデータが整備されてきたことから，収益の実態をより適切に反映させるために行うものであります。

仲介業がメインであることから，ビジネスに関して実質的なリスクは負っておらず，よって売り上げの計上方法が変わってくるのである。

　具体的な事例を用いることで，これらの違いが企業収益にどのような影響を与えるのかを検討していくこととする。販売基準のプロセス時点変更が企業の収益に影響を及ぼした例として，東京エレクトロンのケースをあげることができる。東京エレクトロンは，2004年9月7日，2005年3月期の業績見通しを下方修正し，当初7,000億円としていた売上高（連結ベース）を6,200億円に引き下げた。

　東京エレクトロンの本業である半導体製造装置の販売は好調だったが，そのような中での売り上げ下方修正の理由として，次のような説明をニュースリリースの中で行っている。

　半導体製造装置の販売を行う企業の場合，売り上げの計上時点としては，製品出荷時点の「出荷時点」と，検収を終えて設置を完了した時点の「設置完了時点」の2つが考えられる。しかしながら，東京エレクトロンの場合，出荷から設置完了まで数カ月を要するため，実際の引き渡し時期と会計上の計上時点に乖離が生じる。よって，収益実態をより適切に反映するために，会計方針を変更したと記されているのである。そしてその結果として，経済的実体は何ら変化がないにも関わらず，売上高に800億円もの差が生じたのである。

　また，売上純額表示が企業に影響を与えたケースとして，三菱商事と三井物産のケースがあげられる。

図表11-3　日本商社の異なる2つの売上（2009年3月期）

順位	社名	米国基準(億円)	日本基準(億円)
1	三菱商事	61,464	223,891
2	三井物産	55,352	153,479
3	住友商事	35,116	107,500
4	伊藤忠商事	34,191	120,651

　米国経済誌「フォーチュン」では，毎年の売上高や営業利益の世界ランキングを公表している。その中で，2002年度では三菱商事と三井物産は上位15位に入っていたのだが，2003年度には，それぞれ389位，177位と大きく順位を下げている。

　このように順位を大きく下げた要因として，日本の商社の多くが，2004年3月期決算から売上高に関する会計方針を変更したことがあげられる。従来，商社の仲介業務の会計処理は，仲介した商品の売買額を売上高として総額表示する方法である**総額主義**が主流であった。しかしながら，2004年度から仲介に関する手数料および売上高と売上原価の差額のみを売上高に計上する**純額主義**に変更された。

　そしてこのように総額主義から純額主義へと変更した場合，利益そのものには影響しないものの，売上規模の大きさは大きく変わることとなる。よって，売上高に基づいて企業のブランド力を判断する場合，この変更は商社の今後の取引や経営動向に大きな影響を与えることとなる。このような事情により，純額主義に統一された後も，総額主義に従った売上高が2009年3月期まで併記されていたが，現在は純額表示のみとなっている。

　図表11-3から明らかなように，米国で採用されている純額主義と，日本で従来から使われていた総額主義を採用するのでは，最大で4倍弱もの売上高の違いが生じていたことがわかる。売上高を企業のブランド力として判断する場合，売上計上基準の違いが大きな影響を与えることは自明であるといえる。

2．IFRS No.15の解説

　IASBは，FASBとともに，2002年9月より，単一の原則ベースの収益認識基準を開発する目的で，収益認識に関する共同プロジェクトを進めてきた。この共同プロジェクトの最終形という形で，2014年5月28日 IFRS 第15号「顧客との契約から生じる収益」，また米国でも Topic606が公表された。そして各基準はそれぞれ2018年1月1日および2017年12月15日より，開始事業年度の企業に適用されることとなっている。

　両基準に大きな相違点はないことから，以降では IFRS No.15の解説を行っていく。前節でも解説した着荷基準や純額表示の他にも，収益認識基準にはいくつかの特徴的な会計処理が規定されている。その代表的なものとして，

① 返品権付きの販売について
② 製品保証付きの販売について
③ カスタマー・ロイヤルティ・プログラムについて

があげられる。そこで以降では，日本の現在の実務と比較する形で，この3つにかかる会計処理の解説を行っていくこととする（①，②，③の設例仕訳については，池田健一（2013）「収益認識基準に特有の仕訳」福岡大学商学論叢，137～149ページを参考とした）。

① 返品権付きの販売に関する会計処理

　返品権付きの販売を行う業界として，出版業，製薬業などをその代表例としてあげることができる。例えば，読者が定期購読する月刊雑誌について考えてみる。雑誌は月に一度，書店に並ぶことになるが，書店は出版社との間に返品権付きでの販売権を持っている。つまり，次の月が来て新しい雑誌が発行された場合，書店は出版社に前の月の雑誌を返品することができるのである。

　このような販売方式が採用されている場合，あらかじめ販売した商品（製品）を返品する権利が顧客（書店）に与えられており，逆に企業（出版社）には返品する商品を受け入れるために待機する義務が生じる。この場合，IFRS-

No.15に従った会計処理について設例1を使って解説することとする。

> **設例1**
> 企業は100個の製品をそれぞれ100円で販売する。企業の通常の商慣行では，未使用の製品を30日以内に返品して全額返金することを顧客に認めている。企業は製品3個が返品されると予想する。ただし，製品回収のコストには重要性がなく，返品された製品は利益を出して再販売できると予測しているものとする。

この設例の場合，まず製品に対する支配の移転時に，以下を認識することが必要となる。

（1）9,700円の収益（100円×返品されないと予想している製品97個）
（2）300円の返金負債（100円×返品されると予想している製品3個）
（3）180円の資産（60円×製品3個）。返品負債の決済時に顧客から製品を回収する権利にかかる資産。製品97個については売上原価5,820円（60円×97個）として認識される

これらの情報に基づいて，具体的には次の仕訳が行われることとなる。

収益認識の仕訳
（借）受　取　債　権　10,000　　（貸）収　　　　　益　9,700
　　　　　　　　　　　　　　　　　　　返　金　負　債　　300
（借）売　上　原　価　 5,820　　（貸）棚　卸　資　産　6,000
　　　返　品　権　資　産　　180

この場合，返品が予想される製品3個が負債として処理されると同時に，返品負債決済時に顧客から製品を回収する権利は，返品権資産としてあげられることとなる。なお日本の場合，返品時点で売上戻しの仕訳をするが，販売時点では売上計上の処理をする（もしくは返品保証引当金を設定する）。具体的な仕訳について示せば，以下のようになる。

収益認識の仕訳
　（借）受　取　債　権　10,000　　（貸）収　　　　　益　10,000
　（借）売　上　原　価　　6,000　　（貸）棚　卸　資　産　 6,000
期末時の仕訳
　（借）返品保証引当金繰入　　300　　（貸）返 品 保 証 引 当 金　 300

② 製品保証付きの販売について
　製品保証付きの販売を行う業界として，家電量販店や家電卸売メーカーなどをその代表例としてあげることができる。例えば，家電卸売メーカーでは，顧客販売時から1年間，家電量販店では販売してから3年から5年間，修理などの製品保証が付いているケースが一般的である。
　IFRS第15号に従った会計処理を，次の設例を使って解説することとする。

設例2
　12月31日に，企業が製品1,000個を1,000円で販売した。製品の原価は600円である。企業は法律により，販売時点で存在した欠陥に対して製品保証を行う必要がある。欠陥製品については，企業は最初の90日間は追加料金なしで製品交換を約束している。企業の経験では，販売した製品の1％に欠陥があり，交換されることになる。なお回収された欠陥商品については，改造して利益を出せると予測しているものとする。

（1）12月31日時点で，企業は交換を要する欠陥商品を10個（1,000個×1％）提供したと予測する。よって，顧客からの交換要求に応じるという履行義務10,000円（製品10個×1,000円）を認識する。
（2）企業は12月31日時点で履行義務の全部は充足していないために，6,000円（製品10個×600円）で測定された資産を認識する（改造後の製品は再販売して利益を出せるため）。
（3）翌年1月31日時点では，交換された製品はないが，状況の変化に伴い予測の変更として12個の製品の交換が必要になると見積もる。このとき企業は履行義務12,000円（製品12個×1,000円）を認識する。増加額2,000円

(12,000円－10,000円) は収益の減額として認識される。資産の測定も7,200円（製品12個×600円）に増額し，対応する調整（7,200円－6,000円＝1,200円）を売上原価に認識する。

＜IFRS No.15に従った具体的な会計処理＞
（1）の仕訳
　　（借）収　　　益　　　10,000　　（貸）負　　　債　　　10,000
　　製品保証に関して残存する履行義務を何らかの負債として計上し，収益を減額する。

（2）の仕訳
　　（借）棚卸資産　　　　6,000　　（貸）売上原価　　　　6,000
　　交換する製品原価を棚卸資産として計上し，売上原価を減額する。

（3）の仕訳
　　（借）収　　　益　　　2,000　　（貸）負　　　債　　　2,000
　　交換が必要と見積もられる製品数量が2つ増加したことに伴う計上を行う。
　　（借）棚卸資産　　　　1,200　　（貸）売上原価　　　　1,200
　　交換に要する製品が2つ増加すると見積もられることに伴う計上を行う。

② カスタマー・ロイヤルティ・プログラム

　カスタマー・ロイヤルティ・プログラムの例としては，航空業界，家電量販店，レンタルビデオ店，クレジットカードなどのポイント制度をあげることができる。ポイント制度は，顧客に自社製品の購入またはサービス利用のインセンティブを提供するために用いられるものである。例えば，販売取引に関連して，企業は顧客にポイントを付与する。一定の要件を満たした場合，顧客は獲得したポイントと交換に，無料または割引価格で商品またはサービスの提供を受けることができる。

　この場合におけるIFRS第15号の会計処理について見ていくべく，以下の設例について考えていく。

> 設例3:
> 　企業がカスタマー・ロイヤルティ・プログラムを有しており、顧客に10円の購入ごとに1円のカスタマー・ロイヤルティ・ポイントを与えている。各ポイントは、将来の購入時における1円の値引きと交換できる。第1期目に、顧客は製品を100,000円で購入し、将来の購入に利用できる10,000ポイントを獲得する。購入された製品の単独の販売価格は100,000円である。企業は9,500ポイントが交換されると予想する。企業は、交換の可能性に基づいて、1ポイント当たりの単独の販売価格を0.95（あるいは総額で9,500）と見積もる。
> 　一般的にポイントは、契約を結ばなければ受け取れない重要な権利を顧客に与える。したがって、①の時点において、ポイントは売上とは別個の履行義務であると解釈される。具体的には、販売価格と付与されたポイント金額合計額の比率で按分させる形で、取引価格を製品とポイントに配分することとなる。

　製　　品　91,324　（100,000×100,000÷109,500）
　ポイント　 8,676　（100,000×9,500÷109,500）

　第1期目の末日現在で、ポイントのうち4,500が交換され、企業は全部で9,500ポイントが交換されると予想する。このとき企業は、4,110円（(4,500ポイント÷9,500ポイント)×8,676）の収益を認識する。

　第2期目に、さらに4,000ポイントが交換されるとする（よって交換されたポイントの累計は8,500となる）。そして企業は全部で9,700ポイントが交換されると予想する。このとき、企業が認識した収益の累計額は7,603円（(8,500÷9,700)×8,676）となる。企業は第一報告期間に4,110円を認識しているので、第二報告期間においては3,493円（7,603円－4,110円）の収益を認識する。

　第3期目に、さらに1,200ポイントが交換されるとする（交換されたポイントの累計は9,700となる）。そして企業は、これ以上のポイントの交換はないと予想する。このとき、企業はすでに7,603円の収益を認識しているので、残る1,073円（8,676円－7,603円）の収益を認識する。

以上の会計処理を仕訳の形で示せば，以下のようになる。

＜IFRSNo.15に従った具体的な会計処理＞
① 第1期目（製品販売およびポイント付与時点）
　（借）受取債権　100,000　　　　（貸）売　　　上　　91,324
　　　　　　　　　　　　　　　　　　　契約負債　　　 8,676
② 第1期目末日
　（借）契約負債　　4,110　　　　（貸）売　　　上　　 4,110
③ 第2期目（ポイント交換時点）
　（借）契約負債　　3,493　　　　（貸）売　　　上　　 3,493
④ 第3期目（ポイント交換時点）
　（借）契約負債　　1,073　　　　（貸）売　　　上　　 1,073

なお日本においては，正式な会計基準はないものの，毎期使用されるポイントの割合に応じて「ポイント引当金」を設定することが実務上多いようである。具体的には，以下のような会計処理が行われる。

　（借）受　取　債　権　100,000　　（貸）売　　　　　上　100,000
　（借）ポイント引当金繰入　9,500　（貸）ポイント引当金　9,500

3．日本の収益認識基準の現状について

　IASBのIFRS No.15の公表を受け，日本でも企業収益認識基準を策定する試みが行われている。IFRS No.15の基本的な原則を取り入れる形で，2017年7月20日に企業会計基準公開草案第61号「収益認識に関する会計基準（案）」および企業会計基準適用指針公開草案第61号「収益認識に関する会計基準の適用指針（案）」（2つをまとめて本公開草案）が公表され，2018年4月以降に適用可能となる。
　ただし，本公開草案では，日本の実務慣行に配慮する形で，例えば国内で販売する商品または製品について，出荷時から支配移転の時点（例えば検収時点）までの期間が通常の期間である場合，支配移転時までの一時点（出荷時点）に収益を認識することができるとしている。

本章では，企業の収益認識基準に関連して，日本の収益認識基準を理解すること，またIFRSと日本の収益認識の違いについての解説を行った。また，純額主義，販売基準の認識プロセス時点の違いが企業にどのような影響を及ぼすのかについて，実際の企業の事例を用いて解説した。さらに，IFRS No.15の中で大きなポイントとなる返品権付き販売，製品保証付き販売，カスタマー・ロイヤルティ・プログラムの収益認識について，IFRSと日本の会計実務を比較する形で解説した。

　各論についての解説が一区切り付いたことを受け，次章以降では国際会計基準を日本に導入する際に課題となる点を，企業サイドから業界別にしていくこととする。

関連記事①（日本経済新聞　2009年1月8日　国際会計基準がやってくる　より抜粋）

売上高，厳格に計上

　大手商社の双日は今年から国際会計基準を適用した場合の影響を本格的に分析する予定だ。同社の2008年3月期の連結売上高は約5兆7千億円，国際基準では利益は同じでも，売上高は激減する可能性がある。

　企業の経営成績を表す損益計算書は売上高から費用を差し引いて利益を計算する。国際基準と日本基準では「何を売上高にするか」「いつ売上高を計上するか」という売上高の定義と計上時期で違いが存在する。

　日本基準では売上高の定義は明確でなく，業界慣行にゆだねられている面が強い。商社の取引仲介業務では，仲介した商品の売買額を売上高として総額計上するのが一般的だ。これに対して国際基準では，売買差益の部分だけを純額計上することから，商社の売上高は大幅に減少すると予想される。

　「売上高は大きく変わらなかったが，現場は混乱した」。富士通の湯浅一生IFRS推進室長は07年に売上高の計上で「出荷基準」を廃止した影響を振り返る。

　日本では出荷時点で売上高を計上することが多いが，国際基準では，顧客に製品が届いた時点で計上する「到着基準」や，顧客の検査が終了した時点で計上する「検収基準」を求める。販売がより確実になった時に売上高を計上すべきだとの考え方が根底にある。

　難しいのは到着や検収完了をどう判定するか。富士通は検収基準も検討したが，顧客側の事務負担も大きいため採用は難しいと判断。監査法人と協議し，製品が顧客に到着したとみられる時点で売上高を計上している。

・・・・・・・・・・・・・中略・・・・・・・・・・・・・

　特別損失に対する考え方も異なる。日本基準では特別損失に計上されるリストラ損などは，国際基準では大半が営業費用になる。費用の内訳でも，日本基準では開示されない人件

費の開示を義務付けている。
　原則主義で詳細な規定を設けない国際基準だが，売上高などでは厳格な要件を示している。経営者による利益操作の余地を狭め，企業決算の透明性を高めるためだ。投資家にとっては企業間の比較がしやすくなる利点がある。

関連記事② （日本経済新聞　2015年9月5日）

しぼむ売上高―正味の収入「純額」で示す

　日本基準から国際会計基準（IFRS）に変わったとたん，売上高が大きく減る企業がある。日本たばこ産業（JT）や電通では決算短信で示す売上高が3分の1の規模になった。日本基準では取り扱う総額を売り上げに計上できるのに対し，IFRS は製品の販売額やサービスの対価として受け取る手数料といった「純額」を重視する。

　日本基準で2兆円を超えていた電通の連結売上高が IFRS だと小さくなる理由は，広告取引の性質に要因がある。

　広告代理店は広告主から依頼を受けてテレビやインターネットといったメディア各社から広告枠を獲得し，制作やマーケティングを手がける。

　日本基準では広告主から受け取る広告料金の総額を売り上げに計上できる。一方，IFRS はサービスの対価である純額を重く見る。代理店の収益は広告主から受けた広告料金総額から，代理店がメディア各社に支払う広告料金＝「売上原価」を差し引き手元に残った額，つまり取引手数料にあたる。

　IFRS で開示した電通の2015年3月期の売上高は7286億円。見かけ上は日本基準の博報堂 DY ホールディングス（1兆1310億円）が上回る。比べる場合は会計基準による差を考慮する必要がある。

　業種によっては酒税やたばこ税，ガソリン税などの徴収を企業が代行している場合がある。JT は IFRS に移行した12年3月期から，代行徴収しているたばこ税相当分を差し引き，売上高を「純額」で示すようになった。

関連記事③ （日本経済新聞　2017年7月21日）

売上高新基準　18年適用可

　日本の会計基準をつくる企業会計基準委員会（ASBJ）は20日，新しい売上高計上基準を導入すると発表した。国際会計基準（IFRS）や米国会計基準で予定する新基準とほぼ同じ内容で，2018年4月以降に適用可能となる。売上高として認められない取引が発生するため，百貨店など幅広い業種で影響が出そうだ。

　会計基準の国際化の流れの中で，売上高計上（収益認識）基準の統合は大きな争点だった。IFRS と米基準の各策定団体は新基準を共同開発。米基準が17年12月以降，IFRS が18年1月以降に適用する方針を示している。投資家は企業同士を比較しやすくなる。

　ASBJ も欧米の動きをにらみ，15年から見直しの議論を重ねてきた。従来，日本は商慣行

が重視され業界などで解釈がまちまちだったが，物・サービスの支配権が移転したかどうか厳格に判定する。ASBJ の小野行雄委員長は20日，「日本の会計基準の国際的な整合性をとる」と話した。

　公開草案は10月までに意見を募り，来年3月までに最終案を決める。企業は18年4月以降に始まる会計年度から新基準を早期適用でき，21年4月以降から強制適用される。3月期決算企業の場合，19年3月期から早期適用でき，22年3月期から強制適用となる。

　新基準で売上高が大きく目減りしそうなのは百貨店だ。百貨店は商品の所有権を取引先に残したまま陳列し，販売と同時に仕入れ・売り上げ計上している。新基準では売上高として販売額でなく，販売額から仕入れ値を差し引いた手数料部分のみを計上する。利益には影響しない。

　IFRS を18年2月期から導入した J・フロントリテイリングは今期の売上高見通しが4690億円と日本基準の17年2月期と比べて6割減る。評価指標と位置付ける売上高営業利益率は見かけ上，今期に9％と前期の4％から跳ね上がる。新基準が導入されれば同様の例が相次ぐと見られ，企業会計と経営管理をどう整合させるか，悩む企業も出てきそうだ。

　新基準ではこのほか，メーカーの小売店向け販売奨励金（リベート）をあらかじめ売上高から引くため減収要因となる。従来はリベート支払いの可能性が高まったときに費用計上するなどしていた。商品の代金を分割で受け取る割賦販売では販売時に売上高を一括計上する。入金日に合わせ何回かに分け計上していた従来より前倒しとなる。

　日本基準を IFRS に合わせる動きは今後も続きそうだ。小賀坂敦副委員長は「IFRS の新基準が出た金融商品について，日本基準とどう整合性をとるか年内にも検討を始めたい」と話した。

復習問題

1. IFRS 導入に伴い，収益認識が**出荷基準**から**着荷基準**へ変更となった。基準の変更に伴う企業の影響を考えてください。
2. カスタマー・ロイヤルティ・プログラムの会計処理について，IFRS と日本とでは会計処理が異なる。会計情報を利用する立場から，IFRS の会計処理ではどのような事実が明らかにされるのか説明してください。

（ヒント：ポイントに応じて商品を引き渡す義務，商品が販売された事実）

次に読んでほしい本

山本史枝（2017）『取引事例に見る「新たな収益認識基準」実務対応』清文社。
新日本有限責任監査法人編集（2011）『ポイント制度の会計と税務―カスタマー・ロイヤリティ・プログラムのすべて』税務経理協会。

第12章　IFRS導入に際しての実務上の問題点(1)

> ＊学習のポイント
>
> 　IFRSを適用している日本企業は，何社あるか調べてみましょう。またIFRSを日本に導入するにあたって，実務上どのようなことが問題になるのか，主に企業の部門間での影響から考えてみましょう。

　前章までは，日本とIFRSの概念的な枠組みおよびその枠組みが各会計基準にどのように反映されているのかについて，金融商品，有形固定資産の減損，M&A（合併）の会計，そして収益認識基準に関連した解説を行ってきた。

　これまでの議論に基づいて，本章および次章では，IFRSを日本に導入するに当たっての実務上の問題点について取り上げることとする。具体的な内容は次の通りである。まず企業への影響，具体的にどの範囲の企業にまで導入を行うのかの問題を取り上げる。さらに法務関係について，特に連単分離に関するこれまでの実務への影響，そして経営者・経営企画部門への影響，経理・財務部門への影響，その他の部門への影響についての解説を行うこととする。

　なお，各業種への影響については，次章で取り上げることとする。

1．企業への影響

　日本では，2010年3月からIFRSの**任意適用**が始まった。具体的にIFRSの任意適用の対象となる企業の報告書類は，EUや米国で上場したりグローバルに事業展開をしている上場企業の連結財務諸表となる。

　2015年9月現在で，予定を含めてIFRSを導入している日本企業は，日本電波工業，HOYA，住友商事，日本板硝子，日本たばこ産業，アンリツなど140社にのぼるが，全上場企業約3,700社と比較すると，数としては非常に少ない

ことも現実である。

　金融庁・企業会計審議会が2009年6月に公表した中間報告の中では，基本的に連結決算を行っているすべての上場企業を適用の対象とする方向で話を進めている。ただし，上場企業であっても，連結対象の会社を保有しておらず，単体での財務諸表しか作っていない企業は，現時点ではIFRS適用の対象にはならないとされている。逆にIFRSを適用された連結会社は，単体決算でもIFRSの財務諸表が必要とされる。中間報告で示された，企業のIFRS導入に関するロードマップを図示したものが図表12-1となる。

　なお，具体的にIFRSの導入を行うことを企業が計画する場合，単年度の問題ではなく数年がかりの長期プロジェクトになる。よって，例えば2015年3月期決算からIFRSを適用する場合は，2011年ごろから準備が必要となる。企業がIFRSを導入するに当たり，実際に報告書を作成，公表するまで行わなければならないプロセスを示したものが図表12-2となる。

　そして，**非上場企業や中小企業**については，現在のところIFRSの適用を求

図表12-1　IFRSの適用対象となる上場企業

年	対象企業	内容
2010年		グローバル企業の連結決算に任意適用開始
2011年	グローバルな財務・事業展開をしている連結企業	
2012年		IFRS強制適用の可否を判断
2013年		
2014年	国内のみで事業展開している連結企業	
2015年		
2016年		上場企業の連結決算に強制適用開始？
2017年以降	単体決算のみの企業	単体決算への適用は？

出所：橋本尚監修（2010）『図解雑学よくわかるIFRS』，71ページより抜粋。ただし，現在は上場企業の強制適用に関しては見送られ，具体的にいつから**強制適用**開始かは正確には決まっていない。

図表12-2　IFRS導入のプロセス

2011年	調査・分析	IFRS導入の自社への影響や今後の工程表作成
2012年	導　入	会計方針の決定，システム構築などの環境整備，連結子会社への展開など
2013年		
2014年	IFRSで財務諸表作成	IFRSに対応したシステム，業務プロセス，社内制度などの運用を開始
2015年		
2016年	決算報告	IFRSによる決算報告

出所：橋本尚監修（2010）『図解雑学よくわかるIFRS』，71ページより抜粋。

める動きはない。金融庁・企業会計基準審議会の中間報告の中において，中堅・中小企業については，「ニーズは低いと考えられ，IFRSに基づく財務諸表作成のための体制整備や準備の負担を考えると，非上場企業へのIFRSの適用は慎重に検討すべき」とされている。

しかしながら，限られた範囲ではあるが，非上場企業に関してIFRSに基づく財務諸表を作成するニーズは存在する。例えば以下のケースにおいては，非上場企業であってもIFRSを導入するための動機が存在する。下記の①，②を図示したものが図表12-3である。

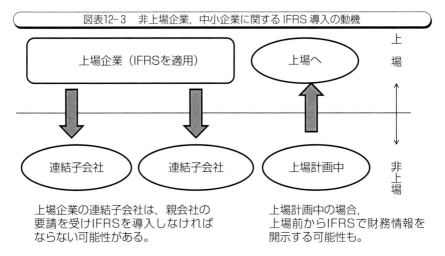

図表12-3　非上場企業，中小企業に関するIFRS導入の動機

出所：橋本尚監修（2010）『図解雑学よくわかるIFRS』，72ページの図を修正引用。

① 国際的な財務・事業活動を行っている上場企業の子会社（大手上場企業の子会社は親会社に合わせる必要がある）
② 近い将来に上場を計画している非上場企業（将来的に上場するならば、IFRSを適用して同一の会計ルールで財務内容を開示する方が、資金調達面では有利になる）

しかしながら、中小企業にとってIFRS導入のハードルが高いのは事実である。そこで、IASBは2009年7月にIFRSを簡素化した「**中小企業向けIFRS**」を作成、公表している。また日本でも、2010年3月にASBJが中心となって「非上場会社の会計基準に関する懇談会」が設けられた。

2．IFRSと各種法律との整合性について

日本の場合、IFRS導入に当たっては、会計制度の整備のみならず、金融商品取引法や会社法などの各法律との整合性も重要となってくる。実際、現行の制度では下記の図表12-4のような法整備が行われ、IFRS導入に向けての準備が行われている。

IFRSと法律上の整備の上で最も大きな問題となるのは、会社法および法人

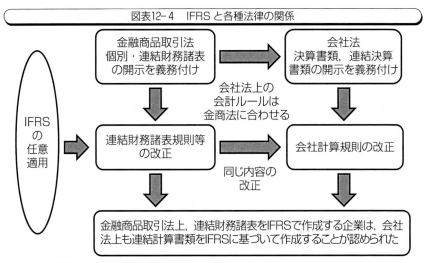

図表12-4　IFRSと各種法律の関係

出所：橋本尚監修（2010）『図解雑学よくわかるIFRS』、78ページより抜粋。

税法との整合性の問題と考えられる。例えば，会計上の利益と税金を課すための利益（課税所得）は異なるが，**課税所得を計算するために用いられるのは個別財務諸表である**。日本の場合，日本の会計制度に基づいて策定された個別財務諸表に基づいて法人税法の計算を行うことが一般的である。IFRS が導入されると，個別財務諸表についても IFRS を導入する場合が生じる。しかしながら，法人税を計算する根拠となる課税所得計算は日本の会計基準に基づくものであり，この2つをどう整合させるのかは未だ議論の俎上にある。

また，会社法上の配当制限額（株主の配当に回すための利益の上限額）も日本基準に基づいていることから，IFRS 導入に当たってはこの計算根拠の所在も問題となる。そこで，当座の解決方法として採用されている方法が，「連結と単体を分離する」「単体は日本基準で作成した上で，税務と会社法を適用させる」というものである。

以上の議論より，IFRS のコンバージェンスやアドプションにこだわりすぎると，税務や会社法との調整が困難となり，調整項目が膨大となることがわかる。そこで，**連結財務諸表**と**個別財務諸表**について，IFRS と日本基準の別の会計基準で財務諸表を作成する必要が生じることとなる。実際，IFRS 導入を進めているドイツやフランスにおいても，税制上の観点から，課税所得の計算は国内法および国内基準に基づいた計算書類に基づいて行う方法が採用されて

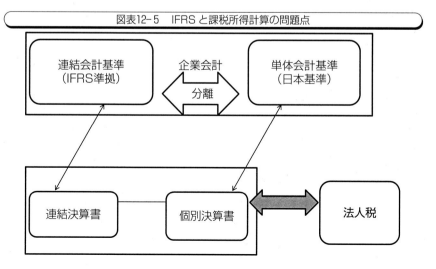

図表12-5　IFRS と課税所得計算の問題点

いる。

つまり，課税所得の計算を行うという観点からは，IFRSを仮に導入したとしても結局，日本基準は残ることになる。連結財務諸表についてはIFRSを導入しながら，個別財務諸表については日本基準を残すという手続きは実務上，非常に煩雑で，担当者の負担が増大するという問題点が生じる。以上の問題点をまとめたものが図表12-5である。

3．経営者・経営企画部門への影響

IFRSの導入は，単に財務諸表に関わるルール変更にとどまらず，企業の経営全般に大きな変革をもたらすと考えられる。そこで，経営者およびその補佐となる経営企画部門のスタッフは，新ルールを理解した上で経営を行う必要が生じることとなる。

例えば，下記のような業務内容を行うとなった場合，IFRS導入準備段階から経営サイドの関与は不可欠である。

① IFRSを自社に導入するためのプロジェクトチームの立ち上げ
② 経理担当者の教育と人員の拡充
③ 情報システムの変更

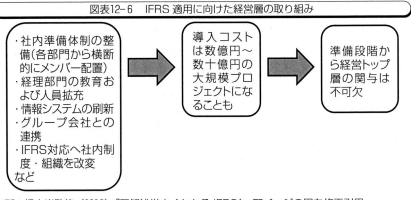

図表12-6　IFRS適用に向けた経営層の取り組み

出所：橋本尚監修（2010）『図解雑学よくわかるIFRS』，75ページの図を修正引用。

経営者・経営企画部門によるIFRS適用に向けた取り組みの内容をまとめたものが，図表12-6となる。

また，IFRSを導入するに当たっては，経営者がどれだけクリアに下記の内容に関する企業の将来を描けるかも大きな課題とされている。

① 公正価値会計の導入

公正価値会計の導入により，有価証券の含み損益が明らかとなり，財務報告の透明性が向上する反面，保有している有価証券の運用状況が明らかになるために，経営者は保有においてより十分な考慮と判断が必要となる。

② 土地や建物の減損会計

例えば，経営者は，購入した土地や建物がどれだけのキャッシュ・フローを生み出すことができるのかについて注意を払う必要がある。保有している有価証券がどれだけのキャッシュ・フローを生み出すことができるのかなどについて，経営者の裁量と責任はより一層大きなものとなる。

③ M&A

合併時に発生する営業権（のれん）は減損にもつながることから，経営者の十分な考慮と判断が必要になる。

経営者がIFRS導入に当たり，その理解を前提として取り組まなければなら

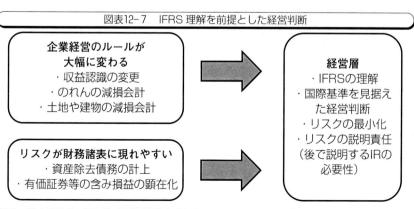

図表12-7　IFRS理解を前提とした経営判断

出所：橋本尚監修（2010）『図解雑学よくわかるIFRS』，75ページの図を修正引用。

ない経営判断をまとめたものが,図表12-7である。企業経営のルールが大幅に変わるとともに,有形固定資産の減損会計や,有価証券の含み損益の顕在化など,企業が抱えているリスクがIFRSでは明確に現れるため,経営者はリスクの最小化やその説明責任を以前にもまして担うこととなる。

4. 経理・財務部門への影響

IFRSを導入するに当たり,経理・財務部門は最も影響を受ける部署であることは確かだが,それはただ単なる知識習得と対応の面だけではない。例えば,日本の会計基準は「細則主義」であるが,IFRSの会計基準は「原則主義」である。よって,的確な会計知識を身につけるのみならず,その知識をもとに自社の経営ビジョンや状況に合わせた臨機応変な対応が求められることとなる。つまり,「自分の頭で考え,適時,適切な判断を下す」必要が生じるのである。

例えば,図表12-8および12-9に示した円グラフは,IFRS導入前と導入後で,経理・財務部門に携わる人材にとって必要とされる能力はいかなるものであるかを示したものである。

細則主義の場合,会計基準を理解することが難関となる。膨大な規定の中から特定の取引・事象に適用する規定を見つけるために,会計基準の隅々にまで精通する必要が生じる。ただし,取引実態に当てはまる会計基準の該当規定がわかれば,あとは規定の定める手順に従って適用すれば良いだけとなる。

IFRSが導入された場合,会計基準の分量は限られていることから,内容理解に要する負担は相当に軽減される。しかしながら,取引1つ1つの実態を整理し,正しく分析する能力が重要になる。さらに,個別の取引・事象にIFRSを適用していく際には,原則の趣旨に基づいた「判断」が求められる。基準そのものに対する理解や取引の経済的実体に対する正しい理解に加えて,IFRSの適用能力を身につけることが必要となる。

また経理・財務担当者には,上で述べた以外にも,次のようなスキルも求められることとなる。例えば,説明や協議の機会が増えることに伴う**アカウンタビリティ(説明責任)**の精神に根差したコミュニケーション能力などがあげら

図表12-8　従来の経理・財務担当者に求められるスキル

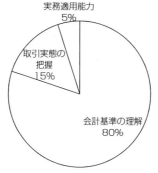

出所：橋本尚（2011）「国際財務報告基準（IFRS）と会計教育」『現代監査』No.21，図1より引用。

図表12-9　IFRS時代の経理・財務担当者に求められるスキル

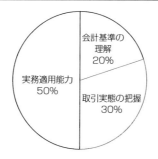

出所：橋本尚（2011）「国際財務報告基準（IFRS）と会計教育」『現代監査』No.21，図1より引用。

れる。さらに，IFRSの学習や動向の把握のための英語力も不可欠となる。より具体的には，国際的な場で活躍するために，英語によるコミュニケーション能力やプレゼンテーション能力が必須となる。さらに，IFRSの世界では電子媒体を通じての情報伝達が前提となることから，パソコンなどの情報機器を自由自在に操ることのできるスキルも最低限必要とされる。

5. その他の部門への影響

① 営業部門への影響

IFRS導入に関する営業部門への影響であるが,最も大きな影響として,収益認識基準が出荷基準から着荷(検収)基準へ変更することに関する手続きがあげられる。例えば,着荷(検収)基準に変更するに当たっては,売上計上のために製品の買い手である得意先から,「**検収書**」を正式な書類として入手することが必要となる。

よって,IFRS適用後,営業担当は取引先での検収状況を把握し,速やかに検収書が受領されるような仕組み,取引先とのルール作りを急ぐ必要が生じると考えられる。もっともIT化が進み,商製品の流れがITで一元管理されるのであれば,これらの負担は大幅に軽減されると考えられるが,それにはIT担当者との密接な連携関係が不可欠となる。

② 製造部門への影響

IFRS導入における製造部門への影響であるが,1つは減価償却の**耐用年数**の問題をあげることができる。減価償却は,設備の取得原価をその対象年数ごとに応じて分割して費用計上する手続きであるが,日本の場合,国税庁が公開している「耐用年数表」を参照すれば,即座に耐用年数を決めることができる。

しかしながら,IFRSの場合,法定耐用年数を単純に当てはめるのではなく,資産ごとに実際に使用される期間を見積もることが必要となってくる。例えば図表12-10は,国税庁のホームページに掲載されている「耐用年数表」の一部をピックアップしたものである。

図表12-10　建物の耐用年数表（一部抜粋）

構造・用途	細目	耐用年数
木造・合成樹脂造のもの	事務所用のもの	24
	店舗用・住宅用のもの	22
	飲食店用のもの	20
	旅館用・ホテル用・病院用・車庫用のもの	17
	公衆浴場用のもの	12
	工場用・倉庫用のもの（一般用）	15
木骨モルタル造のもの	事務所用のもの	22
	店舗用・住宅用のもの	20
	飲食店用のもの	19
	旅館用・ホテル用・病院用・車庫用のもの	15
	公衆浴場用のもの	11
	工場用・倉庫用のもの（一般用）	14
鉄骨鉄筋コンクリート造・鉄筋コンクリート造のもの	事務所用のもの	50
	住宅用のもの	47
	飲食店用のもの	
	延面積のうちに占める木造内装部分の面積が30％を超えるもの	34
	その他のもの	41
	旅館用・ホテル用のもの	
	延面積のうちに占める木造内装部分の面積が30％を超えるもの	31
	その他のもの	39
	店舗用・病院用のもの	39
	車庫用のもの	38
	公衆浴場用のもの	31
	工場用・倉庫用のもの（一般用）	38

図表12-11　IFRS導入後の製造部門での問題点

部門での対応	生じる問題点
① 使用できると予想される期間を見積もる必要がある	同じ機械・装置でも用途や使用状況によって使用できる年数が変わることも
② 資産を使用中に，利用可能な年数が変わった場合は耐用年数の見直しも必要	実際に機械や装置を使っている製造部門と財務・経理部門が緊密な連携をとる必要が出てくる

出所：橋本尚監修（2010）『図解雑学よくわかるIFRS』，83ページの図を修正引用。

③ 購買部門への影響

IFRS導入における購買部門への影響としては,例えば,収益認識基準が出荷基準から検収または着荷基準に変更されることによって,取引先との契約内容や支払い条件の見直しが検討される可能性があげられる。

出荷基準から着荷基準(検収基準)への変更にかかる問題点をまとめたものが図表12-12である。

図表12-12 出荷基準から検収基準への変更にかかる問題点	
検収が必須になる	・納品された製品の検収が必須 ・取引先から検収書の発行を求められる ・購入の確定は検収終了後 ・自社の在庫となるのも検収終了後
検収をしない場合	・取引先への支払い漏れの可能性 ・正確な在庫が把握できない ・適正な在庫が把握できず欠品の可能性も

購買プロセスやシステムの変更や最適化が必要に

出所:橋本尚監修(2010)『図解雑学よくわかるIFRS』,85ページの図を修整引用。

④ IR・株式関係部門への影響

IRとは,法律等に従った企業の財務内容の開示ではなく,企業が自発的に行う開示や報告のことを指す。例えば,株主や投資家向けの財務報告や今後の企業展望のセミナー開催,英語版アニュアルレポート(年次報告書)の作成開示,証券アナリスト向けの情報開示セミナーなどがそれに該当する。

通常,会計基準に従って会計処理,表示,開示しておけば,財務諸表などの記載が不十分とは疑われないものの,IFRS適用に伴い,記載内容や公表書類が大きく変わるため,IR担当者はIFRSについての正しく深い知識がなければ仕事ができない。また,海外投資家向けに説明する機会が増えるため,英語でのコミュニケーション能力も必要となる。

⑤ IT・情報システム部門への影響

　IFRS導入に伴うITおよび情報システム部門への影響として，会計基準の理解や人材の育成だけでなく，企業内部における財務管理システムおよび企業業務システムの見直しなどが考えられる（例えば，前述の販売部門への影響を参照）。このとき，企業内部においてIT化された財務管理システムの更新，IFRS対応システムの導入スケジュールと予算管理計画，グループ企業との連携作業などといった問題が生じることとなる。

　さらに，現行のようにIFRSと税法の間に齟齬が生じている場合，IFRSと日本基準の2つの基準に対応するための内部システム構築についても考慮する必要が生じると考えられる。

　本章では，IFRS導入に伴って，どの程度の規模の企業に影響が及ぶのかを確認するとともに，IFRS導入によって企業会計と法律がどのように変わるのか，またその際に生じる問題点について確認した。さらに，企業内の各部署において国際会計基準導入がどのように影響を及ぼすのか，またその際どのようなことが必要になるのかについても確認した。

　そこで次章では，IFRS導入に伴い，企業内部ではなく企業の業種別に，どのような課題が発生するのかについて解説していくこととする。

関連記事①　（日経産業新聞　2010年4月6日）

国際会計基準の導入開始　中小経営者，関心薄く

　上場企業の決算書の内容を一変させる国際会計基準（IFRS）の任意適用が2010年3月期から始まった。会計基準の見直し機運を受け，中小企業庁や日本商工会議所などは中小企業の基準も再構築しようと動き出している。しかし今のところ多くの中小経営者の関心は薄い。

　「IFRS導入は多くの中小に関係ないし，会計基準も今のままで問題ない」。液晶表示板加工装置メーカー，大橋製作所（東京・大田）の大橋正義社長は基準見直しへの感想を語る。

　大橋社長は中小企業家同友会全国協議会の政策委員長。中小企業庁が基準を見直そうと2月に立ち上げた研究会でも意見を述べる。海外企業とも取引があるが「取引先にしっかりとした情報開示をしていればよい」との意見だ。

　歯車製造のチバダイス（東京・葛飾）の海外売上高は3割超。海外展開する20〜30社の経営者と交流があるが，千葉英樹社長は「仲間内ではIFRSは話題にならない」と話す。

大企業が対象の国際会計基準に沿った形で中小向けに複雑な会計基準をつくっても，これまでと同様，中小はついていけない。この際，中小が使いやすい新基準を考えようというのが今回の見直しの狙い。

　日本商工会議所なども3月に「非上場会社の会計基準に関する懇談会」を設置。副座長の島崎憲明住友商事特別顧問は「経営者にわかりやすく，中小の活性化にもつながるような基準を考えたい」と語る。

　重要な取り組みのはずなのに関心が薄いのはなぜか。大橋製作所の大橋社長は「実態と理想が乖離（かいり）しているから」と話す。

　「資金繰りと利益の違いを教えてほしい」。ソフトウェア開発のヘキサート（東京・港）の板橋和彦社長のもとには，友達の中小経営者が定期的に計算書類の指南を受けるため訪れる。会計のイロハから教えるが，「計算書は税理士に任せきりで，ピンとこない経営者が多い」

　多くの中小にとって計算書類・財務諸表を作成する目的は「税務」「借り入れ」の2つ。税務署に提出した書類を金融機関にも提出し，融資を受けられれば良いと考えている。金融機関側でも商工組合中央金庫の清水謙之審査第一副部長は「（基準見直しは）意義はあるが，中小企業金融にもっと大切なのは経営者との関係」と言い切る。

　「競合他社と数字の傾向が違う」「去年に比べて数字が急速に悪くなった」。把握したいのはこの2点。経営者とひざ詰めで話し，資金繰りや在庫，取引先の状態を聞くことが何より大事だ。

　商工中金には苦い思い出がある。2000年代前半，顧客の中小の決算書の透明性を増し，これをもとにデジタルな審査をする取り組みを導入したが不良債権は減らず，その後凍結。「正確な書類を作れる企業ばかりではなかった」と清水氏。

　会計基準見直しの動きは初めてではない。日本商工会議所などは05年に「中小企業の会計に関する指針」を策定。06年には税理士が企業の役員となり一緒に決算書を作る「会計参与制度」が導入された。ただ指針を重視している中小はまれで，参与の導入企業も0.7%にすぎない。

　とはいえ，経営状態を正確に反映した決算書が経営の武器になることは間違いない。米映画などの著作権仲介などを手がけるサンアールアンドピー（東京・新宿，砂守皓多郎社長）は08年に会計参与を導入。会社の信用が増し大手都銀などの融資が円滑になった。米国の取引先との交渉でも正確な決算書は「共通言語になる」（砂守社長）

　中小企業の経営も曲がり角を迎え，新規事業や海外市場の開拓が急務。その過程で武器となるのは，正確な会社の成績表となる決算書だ。会計基準見直しには，全国の中小経営者にこうした具体的な利点を理解してもらう必要があるだろう。

借り入れ以外の理由で決算書を開示する中小は少ない	
決算書の開示理由	％
金融機関からの資金調達のため	80
経営状況を適切に把握するため	38
適切な経営判断のため	37
株主や親会社への説明資料に使うため	28
社外の信用力を向上するため	23
新規顧客を獲得するため	4
その他	2
無回答	2
(注) 中小企業庁調べ。09年2～3月調査，約5,500社が回答	

関連記事② (日本経済新聞 2010年10月4日「揺れる企業会計 IFRS導入の課題」より抜粋)

「ものづくり」の戸惑い

「決算の最終日が事実上，3月29日になる」。新日本製鉄の谷口進一副社長は国際会計基準 (IFRS) を導入する影響をこう語る。

現在は鉄鋼製品を積んだ船が港を離れた時点で売上高を立てる。だが，IFRSでは顧客が受け取った確認が原則必要。自動車大手の工場が集積する九州に千葉県の製鉄所から海上輸送すると一日半かかる。期末の3月31日までに売り上げを計上するには29日がぎりぎりのタイミングだ。

自動車メーカーとは数十年間にわたる取引関係がある。「そこにしか売れないものを作っているのに，ここまでやらないといけないのか」と谷口氏はこぼす。

・・・・・・・・・・・・中略・・・・・・・・・・・・

日本基準に慣れた企業にとって，IFRSは異文化に遭遇するような戸惑いを与える。まず詳細に決められたルールがない。「原則主義」と呼ばれ，一定の原則の中で企業が最良と考える形を監査法人と話し合い，選択する。

2013年3月期から早期適用を目指すNECは，グループでIFRSの説明会を開いたところ質問が殺到。「日本との違いを周知するのは大変な作業」と関沢裕之主計室長は話す。

詳細な規定を置かない原則主義であるがゆえに，解釈によっては厳しいルールになりかねない懸念もある。「基準の解釈を巡り，監査法人と押し問答になることが増えた」（素材メーカーの財務担当者）。金融庁の三国谷勝範長官は，「監査法人も杓子定規にとらえず，企業の実態に合わせて柔軟に対応してもらいたい」と語る。

決算書に対する考え方も大きく違う。日本は「今期にいくらもうけたか」の算定に力点があるが，IFRSは「期末にどれだけの資産価値があるか」を重視する。

企業から聞こえてくるのは「日本的な経営になじまない」との不安だ。M&A（合併・買収）をする際のデューデリジェンス（資産査定）的な色彩が強く、持ち合い株式の時価変動や為替相場など、経営努力と直接関係しない市場動向に業績が左右される。業績に占める本業の比率が相対的に下がり「ものづくりで地道に稼ぐ本来の経営が揺らぎかねない」と三菱電機の佐藤行弘常任顧問は指摘する。

　情報開示は大切だが、道具である会計が経営を振り回すのは本末転倒だ。長期的な視点で経営してきた日本企業。IFRSが日本の企業文化や経営にどんな影響を与えるか。導入を前に議論を深める必要がある。

関連記事③ （日本経済新聞　2015年9月1日より抜粋）

日立など採用150社へ、海外展開やM&A円滑に、主力企業から内需関連に広がる。

　国際会計基準（IFRS）を使って決算を発表する企業が増えてきた。日立製作所など主力企業に続き、協和発酵キリンやクレハ、オートバックスセブンが適用の準備に入った。導入済みと検討中の企業をあわせると150社近くに達する。採用が増える背景には、日本企業の海外展開とM&A（合併・買収）の拡大が影響している。

　2015年3月期の有価証券報告書からホンダや、グループの上場子会社9社を含む日立製作所がIFRSで開示を始めた。東証一部の時価総額上位100位のうち、ソフトバンクグループや日本たばこ産業（JT）などすでに21社が使い、時価総額ベースでも2割を占める。

　採用のピッチが早まっている背景には欧州、米州、アジア、アフリカなど世界各地に日本企業の事業地域が広がっているという事情がある。

　海外企業との資本提携や合弁会社の設立といった手続きを円滑に進めるには、決算書を作る「モノサシ」である会計基準が1つであった方が効率が良い。14年3月期からIFRSに切り替えたリコーの瀬川大介常務執行役員や「国ごとに異なる費用の計上方法が統一され、管理しやすい」と話す。

　業績回復を機にM&Aも活発になってきた。最近は製造業から外食、小売りなど内需企業にも使い始める企業が増えている。

　IFRSのルールを定めているのは、ロンドンに本部を置く国際会計基準審議会（IFRS）だ。05年に欧州連合（EU）が域内の上場企業に適用を義務づけ、オーストリアや韓国など約100カ国以上に広がった。

　日本企業が任意で使えるようになったのは10年からだ。日本のように一部または任意で認められている国・地域を含むと、約130カ国に広がる。日立やリコーなどそれまで米国会計基準を使っていた主要企業にとっては、米国が米市場に上場する外国企業にIFRSでの開示を認めたことも、基準の切り替えに動く一因となった。

　会計基準を変えると、同じ企業の決算数値が見かけ上、増えたり減ったりすることがある。ホンダがIFRSで発表した15年3月期連結決算の税引き前利益は8062億円。米国会計基準（6448億円、有価証券報告書ベース）の数値より1614億円増えた。開発費の計上方法がそ

れぞれ異なるためだ。

　米国会計基準では開発費を費用としてとらえ，損益計算書に反映させるが，IFRS では開発費の一部は会社の「資産」としてとらえて貸借対照表に計上する。見かけ上の利益が動いても，企業の実態は変わらない点には注意する必要がある。

[復習問題]
1．IFRS と税法との兼ね合いについて，どのような対応を採用するのが望ましいと思いますか。本章で述べられた問題点を手掛かりとして，あなたの考えをまとめてみてください。
2．あなたは中小企業に IFRS を導入するべきだと思いますか。会計情報を利用する立場から，あなたの考えをまとめてみてください。

📖 次に読んでほしい本

正司素子（2012）『IFRS と日本的経営　何が本当の課題なのか⁉』清文社。
小津稚加子・梅原秀継編著（2011）『IFRS 導入のコスト分析』中央経済社。

第13章　IFRS導入に際しての実務上の問題点(2)

> ＊学習のポイント
>
> 日本は，国際会計基準の強制適用に向けて進んでいるのでしょうか。業種別の企業での影響を考えるとともに，最新動向，課題を整理してみましょう。

　本章では，前章に引き続き，IFRS導入に際しての実務上の問題点について解説する。具体的には，前章においてIFRS導入によってどの程度の規模の企業に影響が及ぶのか，企業内のどの部署に影響が及ぶのかを解説したが，本章では業種別の企業に対してどのような影響が及ぶのかについて確認する。

　なお，本章において具体的に取り上げる業種は，電機・自動車などのメーカー，スーパーや百貨店・家電量販店などの小売りおよびサービス業，建設・不動産業，資源・素材業（鉄鋼や化学など），情報・通信業，金融業（特に銀行）である。

1．電機・自動車などのメーカー

　電機・自動車などのメーカーの中には，トヨタ自動車などのように従来から米国会計基準を採用している企業も少なくない。米国会計基準は日本の会計基準よりもIFRS基準に近いため，IFRS導入による影響はそれほど大きくないと考えられる。しかしながら，例えば固定資産の減価償却，減損会計，開発費，収益認識といった項目には注意しなければならないと考えられる。IFRSが導入された場合のポイントと予想される影響をまとめたものが，次の図表13-1である。

図表13-1　IFRSのポイントと予想される影響（メーカーの場合）

業種での対応	生じる問題点
① 固定資産の減価償却 耐用年数や残存価額などは設備ごとに使用実態から判断する	税法上の耐用年数が使えなくなるなど，従来のものから全面的な見直しが求められ，多くの設備を保有する企業ほど減価償却に関する業務量が増加する
② 減損会計 固定資産への減損適用が厳しくなり，日本基準より早い段階で減損する可能性が生じる	減損の対象が増える可能性があり，対象資産の規模によっては業務に大きく影響することも
③ 開発費 研究開発費のうち，実用化に直結する開発費については無形資産として計上可能	これまで費用として一括償却してきたものを数期にわたり償却するので，利益の増加要因に
④ 収益認識 取引形態については出荷基準から研究基準に変更される	多数の関連会社，取引先との間で収益認識の変更に伴う調整が必要に
⑤ 決算日の統一 原則として親会社と子会社の決算日を統一する	日本と統一されていない海外連結子会社を多く持つ企業ほど影響は大きい

出所：橋本尚監修（2010）『図解雑学よくわかるIFRS』，93ページの図を修正引用。

2．スーパーや百貨店・家電量販店などの小売りおよびサービス業

　IFRS導入に関連して，スーパーや百貨店・家電量販店などの小売およびサービス業において大きく注意しなければならない項目の1つとして，ポイント割引の存在があげられる。第11章において解説したとおり，日本ではポイント割引の会計処理に関する明確な基準はない。そして多くの企業では，商品の販売時点で販売価格をそのまま売上高として計上し，ポイント未行使分を引当金として負債計上するという会計実務が採用されている。

　それに対してIFRSの場合，付与したポイント分は，販売代金から差し引いた上で売り上げとして計上し，ポイント分は繰延収益として負債に計上する会計処理が採用される。

また，日本の百貨店では，テナントが商品を販売した時点で仕入計上する「**消化仕入れ**」と呼ばれる取引形態が主流であるが，店頭に並ぶ商品はテナントの在庫であることから，百貨店は在庫リスクを負っていない。IFRSでは，百貨店は「(販売)代理人」として扱われた上で，販売代金と仕入代金の差額を売上計上する会計処理が採用される。よって，利益に変動はないものの，売上高の大幅減少が予想される。

さらに，将来の店舗解体費用やテナントの原状回復費用を**資産除去債務**としてあらかじめ見積もった上で，その処理費用を毎期積み立てていく必要があるために，店舗数の多いコンビニエンス・ストアなどの場合は負担が重くなる。また，撤退が見込まれる事業は**非継続事業**として取り扱われるために，継続する事業と損益を区分することが求められる。

小売りおよびサービス業において，IFRSが導入された場合のポイントと予想される影響をまとめたものが，図表13-2である。

図表13-2　IFRSのポイントと予想される影響（小売，サービス業）

業種での対応	生じる問題点
① ポイントの会計処理 販売時に付与したポイントは売上高に計上せず，繰延収益として負債に計上。ポイント使用時または有効期限が切れたときに収益認識する	家電量販店などは従来，売上に含めていたポイント分を控除することになるので，売上高が減少する可能性がある
② 収益の純額表示 在庫リスクを負わない取引を行う企業は「代理人」とみなされ，売上に計上できるのは販売収入と仕入代金の差額となる	「消化仕入」という取引形態を行っていた百貨店は，売上高が激減することに。ただし，損益には大きな影響はない
③ 資産除去債務 将来の資産売却や賃貸物件返済に向けて，将来必要となる原状回復費用をあらかじめ見積もっておき，処理費用を毎期積み立てる	将来の店舗解体費用やテナントの原状回復費用を積み立てる必要があるので，店舗の多いコンビニエンス・ストアなどの負担に
④ 非継続事業 撤退が見込まれている事業を非継続事業として取り扱い，継続する事業と損益を区分する	主要な事業分野や営業地域から撤退する場合，店舗等の損益を非継続事業に関連する損益として区分

出所：橋本尚監修（2010）『図解雑学よくわかるIFRS』，95ページの図を修正引用。

3. 建設・不動産業

建設・不動産業については，建設工事の収益認識について，日本では2009年4月以降に始まる事業年度から工事進行基準（工事の進行状況に応じて，売り上げと原価を計上することを原則とする基準）が適用されることとなった点があげられる。ただしIFRSでは，見直しのための議論の最中であり，工事完成基準（工事完成時に売り上げと原価を計上する基準）に逆戻りする可能性もある（IFRS No.15には明記されていない）。

また，建設現場に必要な資材はリースで調達するケースが多く，リース会計の影響を受けやすい業界であるといえる。さらに，投資不動産（投機目的で購入した土地や建物）への時価会計の導入の影響も考えられる。

また，近年，原保有者から資産譲渡を受け，株式や債券を発行するような特

図表13-3　IFRSのポイントと予想される影響（建設・不動産業）

業種での対応	生じる問題点
① 収益認識 工事の進行状況に応じて売上と原価を計上する「工事進行基準」を適用しているが，見直し議論の結果「完成基準」に戻る可能性も	コンバージェンスで「工事進行基準」を適用済み。売上計上時期の平準化の効果などが期待されるが，IFRSの議論次第で「完成基準」に逆戻りするかもしれない
② リース会計 ファイナンス・リースに加え，オペレーティング・リースも資産計上へ	リース物件が多い業界なので，資産が膨張する企業が出てくる可能性大
③ 投資不動産 投資不動産は自社利用の不動産特別視，貸借対照表に時価で計上するか，取得価額で計上し時価を注記する	投資不動産を多く所有する会社は，投資不動産の含み損益によって毎期の業績が大きく変動してしまう可能性あり
④ 連結範囲の拡大 実質支配しているSPE（特別目的事業体）は連結対象となる	SPEの資産を合算することにより，資産・負債が膨張し，自己資本比率悪化の可能性

出所：橋本尚監修（2010）『図解雑学よくわかるIFRS』，97ページの図を修正引用。

別な目的のために**特別目的会社**（Special Purpose Entity：SPE）を設立するケースも増えている。マンション等の建設スキームもしくは商業施設開発用スキームのためにSPEに出資して自らの事業を営む場合，現在SPEは連結では子会社として含められないものの，IFRSでは連結子会社化する方針なので，影響の出る可能性がある。これら建設・不動産業にIFRSを導入した場合のポイントと予想される影響をまとめたものが，図表13-3である。

4．鉄鋼や化学などの資源・素材業

鉄鋼や化学などの資源・素材業界はいわゆる「重厚長大産業」のため，大規模な工場やプラントを多数保有しているケースが多い。よって，減価償却の方法変更によって大きな影響が生じることが考えられる。IFRSでは，税法の規定に基づいて耐用年数を見積もることは認められず，設備ごとに使用実態から耐用年数や残存価額を算出する必要があり，かつ毎年度末に見直しが必要となる。

またIFRSにおいては，減価償却に**コンポーネント・アカウンティング**という考え方が取り入れられている。これは，1つの設備であっても，その中に重要な構成要素がある場合は，それぞれを個別に減価償却する方法である。例えば航空機の場合，機体とエンジンなどの構成要素に分けて個別に減価償却を行う手法が採用されている。この場合，設備ごとに，どのような構成要素に分けるのか判断する必要が生じる。

さらに，巨大プラントを多数抱える企業においては，数十年先のプラント解体費用などを含めて，自社設備の原状回復費用を見積もることが求められる。つまり資産除去債務の導入が求められるのである。

IFRSでは，将来の年金や退職金の積み立て不足額を退職給付債務として一括して負債計上する会計処理が導入されているが，資源・素材業界には創業年数が長く，歴史を持ち，従業員数の多い企業が多く，多額の積み立て不足が発生した企業は財務が一気に悪化する可能性がある。

鉄鋼や化学などの資源・素材業にIFRSを導入した場合のポイントおよび予想される影響をまとめたものが，次の図表13-4である。

図表13-4　IFRSのポイントと予想される影響（鉄鋼や化学）	
業種での対応	生じる問題点
①　固定資産の減価償却（1） 　　耐用年数や残存価額などは設備ごとに使用実態から把握する	税法上の耐用年数が使えなくなるなど，従来のものから全面的な見直しが求められ，多くの設備を保有する企業ほど減価償却に関する業務量が増大する
②　固定資産の減価償却（2） 　　1つの設備であっても，その中に重要な構成要素がある場合は，個別に減価償却する	保有する設備ごとに，どのような構成要素に分解して減価償却していくのか判断するためには，財務担当だけでなく工場等現場の人員のサポートも必要に
③　資産除去債務 　　将来の資産売却に向けて，将来必要となる原状回復費用をあらかじめ見積もっておき，処理費用を毎期積み立てる	多数の工場やプラントを持つ企業ほど原状回復費用の見積もりなどの負担が増える
④　退職給付債務 　　年金や退職金の積立不足額を退職給付債務として認識。年金の運用損（数理上の差異）は1年で処理	退職給付債務が発生する確定給付年金の廃止等，年金制度の見直しが必要になる可能性も

出所：橋本尚監修（2010）『図解雑学よくわかるIFRS』，101ページの図を修正引用。

5．情報・通信業

　IFRSでは，収益認識の際には「物品の所有による重要なリスクと経済価値が買い手に移転していること」などの要件を満たすことを求めている。そしてこれに伴い，出荷基準から検収基準，着荷基準へと売上計上時期の見直しが求められることとなる。

　携帯電話会社を例にとると，携帯端末の販売代金は量販店に出荷した段階で，通信料はユーザーが利用開始した段階で，売り上げとして計上するのが日本の実務慣行となっている。しかしながら，IFRSを導入した場合，携帯端末については，ユーザーが製品を受け取った時点で，販売代金を計上するなどへの変更が求められる。それゆえに，販売方法，料金プラン，契約内容の見直しが必要になる可能性が生じる。

また，情報システムを自社開発して販売する企業の場合，1つの取引の中にソフトウェアの受託開発，パソコンやサーバなどの機器の販売，メンテナンスサービスなど，複数の異なるサービスが混在する可能性が考えられる。ソフトウェアについては「進行基準」で進捗度に応じて売り上げを計上する一方，機器の販売は「検収基準」と異なる収益認識基準の適用が求められることとなる。

さらに，IT企業の中には，ソフトバンクのように積極的にM&Aを展開している企業も存在するが，IFRSでは，企業買収時に営業権（のれん）を無形資産として計上した上で償却は行わない。この場合，IFRSは日本基準よりも利益を押し上げる効果があるが，買収企業の業績が悪化すれば営業権（のれん）を一括的に減損処理することから，巨額の損失が生じる可能性がある。よって，M&A実施に当たっては，より綿密な判断と検討が必要になってくる。

情報・通信業でIFRSを導入した場合のポイントと予想される影響をまとめたものが，次の図表13-5である。

図表13-5　IFRSのポイントと予想される影響（情報・通信業）

業種での対応	生じる問題点
① 収益認識（1） 物品の所有による重要なリスクと経済価値が買い手に移転した段階で売上計上	携帯端末の出荷基準での売上計上ができない。通信会社は，販売方法や料金プラン，契約内容の見直しが必要になるかもしれない
② 収益認識（2） 1つの取引の中に複数の役務提供契約が存在する場合，取引は複数の取引に分解して個別に収益認識する	ソフトウェア開発からサーバ等関連機器の提供，システムのメンテナンスなどをまとめて提供する場合は，それぞれの取引ごとに売上計上する必要がある
③ のれん代 企業買収時の「のれん代」は償却しない。毎期継続的に減損テストを行い，チェックする	のれん代の償却が必要ないので，その分利益が押し上げられるが，買収先の企業価値が下がれば減損しなければならず，巨額の損失を計上するリスクも

出所：橋本尚監修（2010）『図解雑学よくわかるIFRS』，103ページの図を修正引用。

6．金融業（特に銀行業）

　金融業に関連して，IFRSの基準を策定しているIASBは，2009年11月，金融商品に関する会計基準を一部改訂し，「IFRS No.9」として公表した。このIFRS No.9は2013年から適用されているが，すべての株式が公正価値（時価）で評価されることとなっている。
　この場合，持ち合い株式のような売買目的でない有価証券の時価評価については，下記のうちのいずれかの方法を選択適用することとなる。

（1）売買目的の株式と同様に損益として計上する
（2）「その他の包括利益」に計上する

　株式の評価損益を当期業績に影響しないという観点から見た場合，（2）を選択する企業が多いと予想される。ただし，（2）の場合，株式を売却しても当期業績に反映されないので「益出し」はできない。
　なお，日本の銀行や生命保険といった大量の持ち合い株式を保有している企業についても，IFRSの適用後は，これまでのように持ち合い株式を保有し続けることは難しくなることが予想される。さらにIFRSでは，非上場株式に対しても公正価値の評価が求められるが，市場価格がないために，どのように価値を測定するかの検討も必要となる。
　また保険会社については，「保険負債への時価会計の導入」，つまり将来の保険金支払いに備えて負債計上する金額を，利率や死亡率をもとに毎期計算しなおす作業も必要とされる。そしてこのことは，保険会社の経営に大きな影響を及ぼすと考えられる。
　金融業（特に銀行業）でIFRSを導入した場合のポイントと予想される影響についてまとめたものが，次の図表13-6である。

図表13-6　IFRSのポイントと予想される影響（金融業）

業種での対応	生じる問題点
① 金融商品会計 株式はすべて公正価値（時価）での評価が求められる。売買目的ではない持ち合い株式は損益計上かその他の包括利益計上かいずれかを選択	その他の包括利益に計上することで純利益への株価変動の影響は避けられるが、売却時の益出しはできなくなる。大量の持ち合い株式を持つ銀行などで持ち合い解消に向けた動きが加速化する可能性あり
② 連結範囲の拡大 現行の日本基準では、金融資産証券化などを目的に設立されたSPE（特別目的事業体）は連結対象とならないが、IFRSでは実質支配されていれば連結対象となる	連結範囲の拡大により、銀行や証券会社などSPEを多く抱える金融機関の資産が膨らむ。連結判定を行うための業務負荷も大きくなることが予想
③ 保険負債への時価会計の導入 保険負債（責任準備金）の評価に関して、IFRSでは毎年期末時点の事故率や利率の変動を反映する方式を採用しようとしている	現在、日本の保険会社では死亡率や運用利率などを契約時点から変更しないロックイン方式で算出している。これが時価会計に見直されると、金利の低下などで保険負債が増大し、ソルベンシーマージン比率が悪化する可能性もある

出所：橋本尚監修（2010）『図解雑学よくわかるIFRS』、105ページの図を修正引用。

7．IFRSへの対応

　前章と本章では、企業内部および業種別のIFRS導入に伴う試みや影響を確認、解説してきた。会計情報は、企業が社会の利害関係者とコミュニケーションを行う際の手段としてさまざまに利用されるが、会計制度および会計基準の変更は、これらコミュニケーションにかかわる社会の構成員に広く影響を及ぼすこととなる。

　例えば、財務情報の利用者（投資家など）、監査人（監査法人）および会計士団体、行政当局、大学・大学院などの高等教育機関といった構成員には次のようなことが求められる。

① 財務情報の利用者（投資家など）

財務情報の利用者（投資家）は，財務諸表を通じて企業の実態を理解するために，IFRSの理解が必要となる。例えば，アナリスト，メディアなど他者に代わって財務情報を分析する役割にある者，または他者の財務情報の理解を補助する役割にある者もIFRSに対応する必要がある。

② 監査人（監査法人）および会計士団体

監査人（監査法人）および会計士団体には，IFRSに基づく財務諸表を適切に監査するための知識・技能およびその体制が求められる。監査の実務指針等もIFRSに対応するように改訂する必要が生じる。

また，会計の専門家として，企業をはじめとする社会の構成員がIFRSに習熟するように指導性を発揮することや，実務的な知識の積極的な発信を行っていくことも期待される。

③ 行政当局

行政当局に対しては，市場メカニズムおよび市場におけるプレーヤーの行動を，IFRSに基づいて監視，監督することが求められる。また，公認会計士試験の内容についてもIFRSに対応したものに改訂することが求められる。

④ 大学・大学院などの高等教育機関

大学，大学院などの高等教育機関については，カリキュラムの見直しにより，IFRSへの対応能力を有する人材を輩出していくこと，社会に対してIFRSに関する教育を提供することが求められる。

この場合においてポイントとなるのは，図表13-7のように各構成員が個別に対応するのではなく，連携して対応し，整合的な取り組みを構築することである。IFRS導入は決して企業内部のみの取り組みで終わることではなく，上記のような社会構成員との密接な連携関係を通した取り組みが必要となる。

さらに，IFRSという金融業中心の欧米主導の会計制度を日本に導入するに当たっては，日本がIASBに対して一定の発言力を持つ必要がある。また，自

第13章 IFRS 導入に際しての実務上の問題点（2） | 159

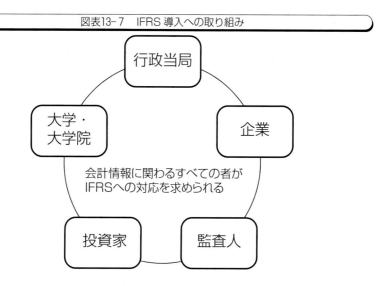

図表13-7　IFRS 導入への取り組み

身の経済的特殊性などついて積極的に発言をする機会を設けること，そして実際に発信していく必要がある。全上場企業のうち IFRS 導入企業が，適用決定会社を含め158社（平成29年11月現在）に過ぎない現状を鑑みた場合，このような取り組みが必要であると考えることができるのではないだろうか。

関連記事①（日本経済新聞 2010年10月3日 揺れる企業会計 IFRS 導入の課題①より抜粋）

欧米主導の基準統一　日本の声反映できるか

　欧州連合（EU）諸国を含む110カ国以上がすでに何らかの形で IFRS を採用している。投資家が同じ物差しで比較することができるので，企業にとっては世界で資金調達がしやすくなる利点がある。

　IFRS とどう向き合うかは，各国共通の課題だ。2011年の導入を目指す韓国では，サムスン電子，LG 化学など有力企業が相次いで早期適用。「外国人投資家の評価を受けやすいという期待」（韓国会社に詳しいスティーブン・チョン会計士）が背景にある。

　これに対してインド，中国は路線が異なる。導入ではなく IFRS との差異を減らす「共通化」作業を進め，11年までにメドをつける予定だ。実は IFRS を全面導入している主要国はオーストラリアなどに限定され，欧州でも一部の基準を適用除外にしている。

　なぜ，こうした例外があるのか。それは会計基準が企業の命運を左右し，国益に大きく影響するからだ。

　EU は欧州企業が不利なルールには圧力をかける。09年には有価証券の区分などを見直す

新基準に対して「時価評価の範囲が広がりかねず見直し不十分」として早期適用を見送った。リーマン・ショック後の金融危機で財務内容が悪化した欧州金融機関への配慮とみられている。

　政治色を強める企業会計。最大の資本市場を有する米国もしたたかだ。IFRSが世界に広がるや否や国際会計審と会計基準の統一プロジェクトを立ち上げ、世界の会計を欧米が主導する体制を構築。導入するかどうかの判断は11年に行うが、先行きは不透明だ。

　では日本はどうか。まずIFRSとの共通化を進めており、重要な差異を縮小。10年3月期から任意適用を認め、上場企業に強制適用するかどうかの判断を12年にする予定だ。

　日本にとっては難しい選択だ。IFRSを導入すると、日本企業に不利なルールも受け入れざるを得なくなる可能性がある。国際会計審の理事は15人。日本も1人いるが、欧米勢が9人を占めるだけに日本の意見を反映できるか不安も残る。一方、導入に踏み切ることで「もっと影響力を発揮できる」（日本選出の山田辰己理事）との見方もある。

　「世界の金融市場がつながった時代に鎖国はできない」（東京証券取引所の斉藤惇社長）が、導入による国益を勘案し、国としてIFRSにどう向き合うか戦略を練る必要がある。

関連記事②　（日本経済新聞　2016年6月12日）

国際会計基準広がる　アサヒや味の素採用140社へ

　上場企業で決算をグローバルな基準に合わせようとする動きが広がっている。2016年度にはアサヒグループホールディングスや味の素など30社が国際会計基準（IFRS）を導入する見通し。M&A（合併・買収）の加速で海外事業を拡大する企業を中心に、国内外で使うルールをそろえる機運が高まってきた。

　東京証券取引所によると、16年度（決算期が16年4月期～17年3月期）にIFRSを採用する企業は、これまで最多だった14年度（34社）に次ぐ水準になりそうだ。

　味の素やパナソニック、NECが17年3月期、アサヒや花王は16年12月期に導入し、今年度末には累計企業数が111社となる見通し。17年度以降に予定するキリンホールディングスやNTTなどを合わせると、140社弱に広がる。

　海外に多くの拠点を持つ企業でIFRSへの移行が目立つ。パナソニックは「海外子会社を含むグループの会計基準を統一し、連結経営管理の精度を上げる」という。

　費用計上など会計処理の違いも導入を後押しする。買収額から企業の資産価値を差し引いた「のれん代」について、IFRSでは価値が大きく下がった際に損失を計上する。一定の費用を毎年計上する日本の会計基準に比べ、買収後の利益が目減りしにくい面がある。

　M&Aに積極的な日本たばこ産業（JT）やソフトバンクグループ、総合商社などはすでにIFRSを導入している。

　海外で採用が多い12月期に決算期を変える企業も増えている。ルネサスエレクトロニクスや日本ペイントホールディングスは今期から12月決算に移行する。本社と海外子会社の決算期をそろえ、機動的なグループ経営を目指す。

関連記事③ （日本経済新聞　2015年9月4日）

研究開発費は「資産」－製品発売後に費用計上

　自動車や製薬といった業種では，研究開発投資の巧拙が将来成長する力を左右する。国際会計基準（IFRS）は研究開発費の一部を「会社の資産」とすることを認めている。全額を費用計上する日本基準と費用に差が生じる一因となっている。

　アステラス製薬の2015年3月期の研究開発費は2065億円と営業利益（1856億円）を上回る。新薬候補への投資のうち，約100億円を IFRS に基づき「その他の無形資産」に計上した。全額費用となる日本基準に比べ，5％ほど利益を押し上げたことになる。IFRS に変えた14年3月期でも54億円を資産に計上した。

　IFRS で資産計上が認められるのは合理的な根拠がある場合だ。例えばアステラスはスギ花粉症向けワクチンの国内開発・販売権の契約一時金として米社に支払った約18億円を資産に計上した。価格は将来の想定売り上げ規模などを勘案して決めたものだ。

　資産に計上した研究開発投資も製品販売後は一定の期間で償却するため，損益計算書上で費用が生じる。開発に失敗すれば価値を下げる「減損」として損失を出さなければならない。

　資産としての評価が難しい自社単独の開発品は原則，日本基準と同じ費用とするケースが多い。

　独自動車大手フォルクスワーゲンは車関連の研究開発投資（14年12月期で約1兆8000億円）の35％を資産に計上。損益計算書の影響を抑えながら製品開発を加速している。

復習問題

1. IFRS を導入する場合に，各業種別に生じる課題をまとめてみてください。
2. あなたは IFRS について，現在の任意適用が望ましいと思いますか。それとも強制適用すべきだと思いますか。企業の立場，また会計情報を利用する立場からあなたの考えをまとめてみてください。

次に読んでほしい本

野口由美子・石井昭紀（2010）『現場で使える IFRS 導入の実務』日本実業出版社。
石井満彦（2011）『業種別 IFRS 対応のポイント』秀和システム。

索　引

A－Z

- IASC ……………………………… 8
- IN-IN 型 ………………………… 102
- IN-OUT 型 ……………………… 103
- M&A ……………………………… 103
- OUT-IN 型 ……………………… 103
- OUT-OUT 型 …………………… 103

ア

- アカウンタビリティ（説明責任）……… 138
- 意思決定との関連性 ………………… 57
- 意思決定有用性 ……………………… 57
- 営利組織 ……………………………… 19
- 演繹的アプローチ …………………… 37

カ

- 会計公準 ………………………… 47, 51
- 会計09問題 …………………………… 13
- 会計ビッグバン ……………………… 2
- 会社法 ………………………………… 21
- 概念フレームワーク ………………… 38
- カスタマー・ロイヤルティ・プログラム ……………………………………… 125
- 課税所得 …………………………… 135
- 合併 ………………………………… 102
- カーブアウト ………………………… 14
- 株主総会 ……………………………… 24
- 監査等委員会設置会社 ……………… 29
- 監査役会設置会社 …………………… 29
- 管理会計 ……………………………… 21
- 企業会計原則 ………………………… 47
- 帰納的アプローチ …………………… 37
- キャッシュ・フロー ………………… 42
- ────生成単位 …………………… 92
- 強制適用 …………………………… 132
- 金融商品取引法 ……………………… 21
- 繰延ヘッジ会計 ……………………… 73
- クリーン・サープラス関係 ………… 65
- グルーピング ………………………… 92
- 原価主義 ……………………………… 41
- 現金主義会計 ………………………… 62
- 検収書 ……………………………… 140
- 原則主義 ……………………………… 38
- 減損 …………………………………… 89
- ────会計 ………………………… 89
- ────テスト ……………………… 92
- 公開会社 ……………………………… 28
- 公正価値 ……………………………… 43
- ────ヘッジ会計 ………………… 73
- 子会社株式・関連会社株式 ………… 79
- 国際会計基準委員会 ………………… 8
- 国際会計基準審議会 ………………… 9
- 個別財務諸表 ……………………… 135
- コンポーネント・アカウンティング … 153

サ

- 債権者 ………………………………… 22
- 在庫リスク ………………………… 119
- 細則主義 ……………………………… 39
- 財務会計 ……………………………… 21
- 採用（アドプション）……………… 14
- 時価 …………………………………… 43
- ────主義 ………………………… 41
- 資産除去債務 ……………………… 151
- 資産・負債アプローチ ………… 41, 61
- 実質優先思考 ………………………… 44
- 四半期報告書 ………………………… 33
- 指名委員会等設置会社 ……………… 29
- 収益性 ………………………………… 89
- 収益・費用アプローチ ………… 41, 61
- 収斂（コンバージェンス）………… 7
- 出荷基準 ……………………… 118, 130
- 取得法 ……………………………… 108
- 純額主義 …………………………… 121
- 消化仕入れ ………………………… 151
- 使用価値 ……………………………… 93
- 証券監督者国際機構 ………………… 9
- 情報提供機能 ………………………… 24
- 正味実現可能価額 …………………… 93

信頼性 …………………………………… 57
制度会計 ………………………………… 21
製品保証付きの販売 ………………… 124
総額主義 ……………………………… 121
その他有価証券 ………………………… 79

タ

耐用年数 ……………………………… 140
着荷基準 ………………………… 118, 130
中小企業 ……………………………… 132
　──向け IFRS …………………… 134
調和化（ハーモニゼーション） ………… 8
東京合意 ………………………………… 12
投資家 …………………………………… 2
同等性評価 ……………………………… 7
特別目的会社 ………………………… 153

ナ

任意適用 ……………………………… 131
ノーウォーク合意 ……………………… 12
のれん（営業権） ………………… 101, 108

ハ

売買目的有価証券 ……………………… 79
パーチェス法 ………………………… 107
発生主義会計 …………………………… 62
非営利組織 ……………………………… 19
非継続事業 …………………………… 151
非上場企業 …………………………… 132
ピュア IFRS …………………………… 14
表現の忠実性 …………………………… 49

含み益 …………………………………… 43
　──経営 ……………………………… 77
負の営業権（のれん） ………………… 113
ヘッジ取引 ……………………………… 84
返品権付きの販売 …………………… 122
包括利益 ………………………………… 65
　──計算書 …………………………… 65

マ

満期保有目的債券 ……………………… 79
見積将来キャッシュ・フロー ………… 93
メインバンク …………………………… 3
目的適合性 ……………………………… 48
持ち合い株式 ……………………… 43, 77
持分プーリング法 …………………… 108

ヤ

有価証券報告書 ………………………… 33
有形固定資産 …………………………… 89

ラ

利害関係者 ……………………………… 21
利害調整機能 …………………………… 24
リサイクリング ………………………… 68
臨時報告書 ……………………………… 33
レジェンド問題 ………………………… 79
連結財務諸表 ………………………… 135

ワ

割安購入益（負ののれん）
　………………………………… 101, 107

《著者紹介》

行待三輪（ゆきまち・みわ）

- 1994年　京都産業大学経営学部経営学科卒業
- 2001年　神戸大学大学院経営学研究科博士後期課程企業システム博士課程修了
  ［博士（経営学）の学位を取得］
- 2002年　和歌山大学経済学部講師
- 2005年　和歌山大学経済学部准教授
- 2011年　京都産業大学経営学部会計ファイナンス学科准教授（現在に至る）

［主要業績］

第2章「棚卸資産と将来業績の関連性」担当（高田知実氏との共著）『会計情報のファンダメンタル分析』（桜井久勝・音川和久編著）中央経済社，2013年。

「後入先出法に関する早期適用企業の保守的会計行動―早期費用化による在庫リスクへの対応―」『産業經理』第75巻第3号，118-133頁。

「棚卸資産と売上債権の将来業績との関連性―売上高，利益情報を従属変数とした場合の関連性分析―」『曾計』第192巻第6号，68-81頁。

（検印省略）

2018年5月5日　初版発行　　　　　　　　略称－はじめて国際会計

はじめて学ぶ国際会計論

著　者　行待三輪
発行者　塚田尚寛

発行所　東京都文京区春日2-13-1　株式会社　創　成　社

電　話　03（3868）3867　　FAX 03（5802）6802
出版部　03（3868）3857　　FAX 03（5802）6801
http://www.books-sosei.com　振　替　00150-9-191261

定価はカバーに表示してあります。

©2018 Miwa Yukimachi　　組版：亜細亜印刷　印刷：エーヴィスシステムズ
ISBN978-4-7944-1528-8 C3034　製本：宮製本所
Printed in Japan　　落丁・乱丁本はお取り替えいたします。

―― 簿記・会計選書 ――

はじめて学ぶ国際会計論	行待三輪	著	1,900円
国際会計の展開と展望 ― 多国籍企業会計と IFRS ―	菊谷正人	著	2,600円
IFRS 教育の実践研究	柴 健次	編著	2,900円
IFRS 教育の基礎研究	柴 健次	編著	3,500円
監査の原理と原則	デヴィッド・フリント 井上善弘	著 訳	2,400円
現代管理会計論再考 ― 会計と管理,会計と非会計を考える ―	足立 浩	著	3,200円
投資不動産会計と公正価値評価	山本 卓	著	2,500円
会計不正と監査人の監査責任 ― ケース・スタディ検証 ―	守屋俊晴	著	3,800円
キャッシュフローで考えよう! 意思決定の管理会計	香取 徹	著	2,200円
会計原理 ― 会計情報の作成と読み方 ―	斎藤孝一	著	2,000円
現代会計の論理と展望 ― 会計論理の探究方法 ―	上野清貴	著	3,200円
簿記のススメ ― 人生を豊かにする知識 ―	上野清貴	監修	1,600円
複式簿記の理論と計算	村田直樹 竹中 徹 森口毅彦	編著	3,600円
複式簿記の理論と計算 問題集	村田直樹 竹中 徹 森口毅彦	編著	2,200円
非営利組織会計テキスト	宮本幸平	著	2,000円
社会化の会計 ― すべての働く人のために ―	熊谷重勝 内野一樹	編著	1,900円
活動を基準とした管理会計技法の展開と経営戦略論	広原雄二	著	2,500円
ライフサイクル・コスティング ― イギリスにおける展開 ―	中島洋行	著	2,400円

(本体価格)

創成社